DIETRICH BONHOEFFER

Schöpfung und Fall:

Theologische Auslegung von Genesis 1 bis 3

Herausgegeben und mit einer Einführung versehen
von Peter Zimmerling

BRUNNEN
Verlag GmbH · Giessen

Auf Grundlage der 2. Auflage 1937 (München: Chr. Kaiser Verlag).
Rechtschreibung und Zeichensetzung wurden behutsam aktualisiert.

Die Bibelzitate folgen dem von Bonhoeffer verwendeten Text.

MIX
Papier aus verantwortungsvollen Quellen
FSC® C014496

Umschlagfoto: Shutterstock
Umschlaggestaltung: Celia Friedland
Satz: DTP Brunnen
Druck: GGP Media GmbH, Pößneck
ISBN Buch: 978-3-7655-0951-3
ISBN E-Book: 978-3-7655-7403-0

www.brunnen-verlag.de

Inhalt

Zu dieser Ausgabe

Dietrich Bonhoeffer wurde am 9. April 1945 von den Nazis hingerichtet. 2015 waren es 70 Jahre, dass dieses Verbrechen geschah. Nach 70 Jahren werden die Bücher eines Verstorbenen „gemeinfrei". Das schien dem Brunnen Verlag und mir eine gute Gelegenheit, vier zu seinen Lebzeiten veröffentlichte Bücher Bonhoeffers neu herauszugeben: „Das Gebetbuch der Bibel", „Gemeinsames Leben", „Nachfolge", „Schöpfung und Fall". Durch sie ist er schon zu seinen Lebzeiten einer größeren Lesergemeinde bekannt geworden. Alle vier Bücher sind nach den beiden wissenschaftlichen Qualifikationsarbeiten, der Dissertation „Sanctorum Communio" und der Habilitation „Akt und Sein", erschienen. Zwischen diesen beiden ersten und den vier folgenden Büchern liegt Bonhoeffers Hinwendung zu einem persönlichen Christusglauben. Wesentliche Anstöße dazu erhielt er während eines Studienaufenthalts in New York 1930/1931. Seitdem führte er ein geregeltes geistliches Leben, das die Teilnahme am Sonntagsgottesdienst einschloss. Bemerkenswerterweise wirkte sich die spirituelle Wende auf die Sprache seiner Bücher aus: Bonhoeffer verzichtet fortan auf den üblichen wissenschaftlichen Anmerkungsapparat und bedient sich einer auch dem theologischen Laien verständlichen Sprache.

Noch etwas anderes kommt hinzu: Als er 1935 aus dem Auslandspfarramt in London nach Deutschland zurückkehrte, um die Leitung eines Predigerseminars der Bekennenden Kirche zu übernehmen, ging Bonhoeffer in die Illegalität. Staat und offizielle Kirche lehnten seine Vikarsausbildung ab. Streng genommen bekamen damit alle in der Folgezeit entwickelten theologischen Überlegungen als „Theologie der Illegalität" einen besonderen Akzent. Das gilt gleichermaßen für die „Nachfolge“, das „Gemeinsame Leben“ und das „Gebetbuch der Bibel“. Bonhoeffer steht dabei in einer Reihe mit dem Apostel Paulus, der einen Teil seiner Briefe im Gefängnis verfasste, und dem Reformator Martin Luther, der während seiner Schutzhaft auf der Wartburg eine Reihe bedeutender Schriften, vor allem aber die Übersetzung des Neuen Testaments anfertigte. Nirgends besser als im Ernstfall erweist sich die Tragfähigkeit theologischer Überlegungen.

Die vier Bände Bonhoeffers werden hier in der Fassung der letzten, zu seinen Lebzeiten veröffentlichten Auflage abgedruckt. Ihnen ist jeweils eine Einführung vorangestellt, in der Entstehung, Eigenart, Inhalt und die Bedeutung für heute skizziert werden.

Wir möchten mit dieser Ausgabe der allgemein verständlich geschriebenen Werke gerade auch dem theologischen Laien die Lektüre Bonhoeffers ans Herz legen. Deshalb ist bei griechischen Wörtern die Umschrift ergänzt, und griechische und lateinische Begriffe werden in Anmerkungen übersetzt (bzw. wenn Bonhoeffer die deutsche Übersetzung selber liefert, ist diese kursiv gesetzt). Ebenso werden auch einige theologische Fachbegriffe in Anmerkungen erklärt.

Wer nach einer Vertiefung seiner eigenen Spiritualität sucht, wird in den Gedanken und dem Vorbild Bonhoeffers einen Schatz von bleibendem Wert finden, der an Aktualität bis heute nichts verloren hat.

Leipzig, im Herbst 2015
Peter Zimmerling

Einführung von Peter Zimmerling

1. Entstehung und Hintergrund

Das Buch „Schöpfung und Fall" stellt den Druck einer Vorlesung dar, die Dietrich Bonhoeffer im Wintersemester 1932/33 an der Berliner Universität unter dem Titel „Schöpfung und Sünde. Theologische Auslegung von Genesis 1–3" gehalten hat.[1] Hörer der Vorlesung hatten Bonhoeffer gedrängt, das Manuskript zu veröffentlichen. Weil im Herbst 1931 schon ein anderes Buch mit dem gleichen Titel wie die Vorlesung erschienen war, musste der Titel von Bonhoeffers Vorlesung für die Veröffentlichung geändert werden. „Schöpfung und Fall" ist das erste Buch Bonhoeffers, das im Christian Kaiser Verlag in München erschien. In diesem Verlag wurden auch Karl Barths Bücher und die seiner theologischen Weggefährten gedruckt. Indem Dietrich Bonhoeffer in diesem Verlag veröffentlicht, bekennt er sich auch äußerlich zu der von Karl Barth initiierten sog. dialektischen Theologie, die in Anknüpfung an die reformatorische Theologie als Theologie des Wortes die Bibel zur Grundlage ihrer Überlegungen gemacht hat.

Der Winter 1932/33 war eine für Deutschland schicksalsentscheidende Zeit. Nicht zuletzt aufgrund der Weltwirtschaftskrise hatten die meisten Deutschen das Vertrauen in die Weimarer Republik verloren. In Berlin lieferten sich

1 Vgl. hier und im Folgenden Dietrich Bonhoeffer, Schöpfung und Fall, hg. von Martin Rüter/Ilse Tödt, DBW, Bd. 3, München 1989, 7ff (Vorwort der Herausgeber).

Nationalsozialisten und Kommunisten blutige Straßenschlachten. Noch vor dem Ende der Vorlesung am 21. Februar 1933 hatten die Nazis am 30. Januar die Macht ergriffen. Obwohl Bonhoeffer in seiner Vorlesung mit keinem Wort direkt auf die politischen Zustände eingeht, bildet die gesellschaftliche Situation doch die dunkle Folie, auf der die vorgetragenen Überlegungen besondere Tiefe und Ernst erhalten. Dazu kam noch etwas anderes: die Wirkung der Persönlichkeit Bonhoeffers. Ein Hörer schreibt im Rückblick: „Dietrich Bonhoeffer war es! [...] Dieser außerordentliche Mensch Bonhoeffer sprengte in dieser Vorlesung für mich alles Gewohnte – Tradierte – in Theologie/Kirche, Staat/Politik, Wissenschaft/Forschung und so fort."[2] Man kann verstehen, warum die Studierenden wie elektrisiert von Bonhoeffers Überlegungen waren. So etwas hatten sie in Berlin noch nicht gehört. Hier wagte ein Theologe, die exegetische und systematische Schultradition seiner Zeit hinter sich zu lassen und die Bibel unmittelbar nach Antworten auf die brennenden Probleme der Gegenwart zu befragen. Auch heute noch fragt sich der Leser unwillkürlich, wie ein so junger Mann (Bonhoeffer wurde am 6.2.1933 erst 27 Jahre) in einer Vorlesung derart tiefe Einsichten über das Menschsein, über die Welt und über Gott entwickeln konnte. Das Atemberaubende war, dass die Grundlage dafür entscheidend die Bibel bildete. Auch wenn Bonhoeffer seine Gedanken im Gespräch mit der Literatur seiner Zeit entwickelt, bleibt diese doch im Hintergrund. Er verzichtet ganz auf gelehrte Anmerkungen. Das Buch unterscheidet sich von den beiden vorangegangenen Veröffentlichungen (der Dissertation und der Habilitation) auch in der Sprachform. Es ist so geschrieben, dass es auch für den gebildeten theologischen Laien verständlich ist. Dass Bonhoeffer den biblischen Texten einen Vertrauensvor-

2 Zit. nach a.a.O., 7f.

schuss einräumt, führt dazu, dass sie tatsächlich zu sprechen anfangen, Antworten geben auf die grundlegenden Fragen, die Menschen zu allen Zeiten mehr oder weniger stark umtreiben, die jedoch in einer politisch hochbrisanten Zeit ungleich drängender werden als in ruhigen und friedlichen Lebensumständen. Was ist der Auftrag des Menschen in der Welt? Wie kann das Zusammenleben von Mann und Frau funktionieren? Welche Rolle spielt die Sexualität? Wie ist das Verhältnis von Mensch und Natur zu gestalten? Wie ist mit der Tatsache umzugehen, dass zum Menschsein Versagen und Schuldigwerden untrennbar dazugehören? Gibt es eine Bestimmung des Menschen, die über seine irdische Existenz hinausreicht? Hat die Welt eine Zukunft? Welche Rolle spielt dabei eine transzendente Macht, eine Macht, die größer ist als der Mensch? Und vor allem: Welche Antworten gibt der christliche Glaube auf diese Fragen?

Dass Bonhoeffers Buch Resonanz fand, zeigt sich daran, dass 1937 eine zweite, unveränderte Auflage erschien. Die dritte Auflage wurde erst nach dem Krieg, 1955, veröffentlicht.

2. Eigenart

Dass Dietrich Bonhoeffer mit „Schöpfung und Fall“ eine ganze Vorlesung der Auslegung eines biblischen Textes widmete, war für einen systematischen Theologen ungewöhnlich.[3] Die Orientierung von Bonhoeffers theologischem Denken an der Bibel wird jedoch von seinem theologischen Ansatz und seiner auf die Bibel bezogenen Spiritualität her verständlich. Karl Barths Wort-Gottes-Theologie hatte ihm

3 Ähnliches gilt für seine Bücher „Nachfolge“ und „Die Psalmen. Das Gebetbuch der Bibel“, die in der gleichen Reihe im Brunnen Verlag erscheinen. Die „Nachfolge“ stellt in weiten Teilen eine Auslegung der Bergpredigt dar und „Die Psalmen. Das Gebetbuch der Bibel“ eine Auslegung der Psalmen.

dabei die Initialzündung vermittelt. Die von Bonhoeffer praktizierte und gelehrte Schriftauslegung unterschied sich grundlegend von der an den Universitäten damals vorherrschenden Auslegungspraxis. Es war eine primär theologisch geprägte Schriftauslegung, die die Frage nach der „Sache" der biblischen Texte – auch hier in den Bahnen von Barths Anliegen – in den Vordergrund stellte.[4] Das wird schon am Untertitel von „Schöpfung und Fall" sichtbar: „Theologische Auslegung von Genesis 1–3". Dahinter traten die Fragestellungen der historisch-kritischen Bibelauslegung mehr oder weniger stark zurück. Entscheidende Voraussetzung für Bonhoeffers Auslegung ist seine Erkenntnis, dass die Bibel „Buch der Kirche" ist. In der Einleitung schreibt er: „Theologische Auslegung nimmt die Bibel als das Buch der Kirche und legt es als solches aus."[5] Für Bonhoeffers Buch „Schöpfung und Fall" ist eine dezidiert auf Jesus Christus bezogene Auslegung charakteristisch. Es ist der eine Gott, der sich in Jesus Christus offenbart hat, der in der gesamten Schrift zum Menschen redet. Weil die Bibel Buch der Kirche ist, muss auch das Alte Testament von Jesus Christus her gelesen werden. „Darum ist die Schöpfungsgeschichte in der Kirche allein von Christus her zu lesen und erst dann auf ihn hin; auf Christus hin kann man ja nur lesen, wenn man weiß, dass Christus der Anfang, das Neue, das Ende unserer ganzen Welt ist." Die christologische Auslegung des Alten Testaments sollte bald für die ganze Bekennende Kirche typisch werden.[6] Sie wandte sich gegen die Preisgabe des Alten Testaments – und damit auch Israels, des alttestamentlichen Gottesvolkes – durch die Deutschen Christen, die bereits

4 Vgl. dazu auch das Nachwort der Herausgeber in DBW, Bd. 3, 141f.

5 DBW, Bd. 3, 22.

6 Vgl. dazu das klassische Werk von Wilhelm Vischer, Das Christuszeugnis des Alten Testaments, Bd. 1 Das Gesetz, München 1934; Bd. 2 Die Propheten, 1. Hälfte Die frühen Propheten, Zollikon-Zürich 1942.

durch die liberale Theologie im 19. Jahrhundert vorbereitet worden war. Stattdessen trat die Bekennende Kirche dafür ein, dass es kein Christentum ohne das Alte Testament gibt.

Immer wieder ist – schon zu seinen Lebzeiten – Bonhoeffers Schriftgebrauch als „biblizistisch" und „vormodern" kritisiert worden.[7] Eine gründliche Untersuchung seines Schriftverständnisses steht immer noch aus, auch wenn sich in den letzten Jahren eine Intensivierung der Beschäftigung mit seiner Schriftauslegung beobachten lässt. So existiert inzwischen eine Dissertation, die Grundlinien von Bonhoeffers Schriftlehre anhand von „Schöpfung und Fall" erarbeitet.[8] Wenn man seiner Schriftauslegung ein Adjektiv beifügen wollte, sollte man von einer „nachmodernen" Bibelauslegung sprechen. Bonhoeffer lehnt die Ergebnisse der historisch-kritischen Exegese nicht pauschal ab, bleibt aber nicht bei der philologischen und historischen Auslegung stehen und fragt, was die Bibeltexte für den heute gelebten Glauben in seinen unterschiedlichen Bezügen zu sagen haben.

Bonhoeffer hat sein Schriftverständnis in einem Brief an

---

7 Vgl. etwa die Schrift des Greifswalder Alttestamentlers Friedrich Baumgärtel „Die Kirche ist Eine", in der dieser gegen Bonhoeffers Bibelauslegung in dessen Bibelarbeit zu Esra und Nehemia (Dietrich Bonhoeffer, Illegale Theologenausbildung: Finkenwalde [1935–1937], hg. von Otto Dudzus/Jürgen Henkys, DBW, Bd. 14, Gütersloh 1996, 930ff) polemisiert. Gerhard Krause spricht von einer „fast anti-modernistisch anmutenden Bibelgrundlage" von Bonhoeffers Werk (ders., Art. Bonhoeffer, Dietrich, in: TRE, Bd. 7, Berlin/New York 1981, 59).

8 Nadine Hamilton, Dietrich Bonhoeffers Hermeneutik der Responsivität. Ein Kapitel Schriftlehre im Anschluss an „Schöpfung und Fall", Forschungen zur systematischen und ökumenischen Theologie, Bd. 155, Göttingen 2016; dort auch die neueren Arbeiten (19–27). Die wichtigste ältere Untersuchung war: Ernst Georg Wendel, Studien zur Homiletik Bonhoeffers. Predigt, Hermeneutik, Sprache (Hermeneutische Untersuchungen zur Theologie, Bd. 21), Tübingen 1985, 68ff, der Bonhoeffers Bibelhermeneutik unter den Stichworten „pneumatische Auslegung", „ganzheitliche Schriftauslegung", „einfältiges Verstehen", „Schriftauslegung als Vergegenwärtigung" zu fassen versucht.

seinen Schwager Rüdiger Schleicher, einen theologischen Laien, ausführlich erläutert.[9] Ausgangspunkt ist die Überzeugung, dass Gott durch die Bibel zum Menschen reden will. Bonhoeffer geht davon aus, dass es Gott selbst war, der bestimmt hat, sich im Wort der Bibel vom Menschen finden zu lassen. „Die ganze Bibel will also das Wort sein, in dem Gott sich von uns finden lassen will" (146). Daran hängt schlechterdings alles. Dieser Überzeugung liegt Bonhoeffers offenbarungstheologischer Ansatz zugrunde. Die Bibel ist das „fremde Wort Gottes", das der Mensch sich nicht selbst sagen kann (147). Sie muss gegenüber dem Leser zu einer Größe mit eigenem Gewicht werden, um ihre göttliche Botschaft an den Menschen ausrichten zu können. Darin bestehen das Ziel und gleichzeitig das inhaltliche Zentrum von Bonhoeffers theologischer Schriftauslegung.[10] „Wir suchen den Willen Gottes, der uns ganz fremd und zuwider ist, dessen Wege *nicht* unsere Wege und dessen Gedanken *nicht* unsere Gedanken sind, der sich uns verbirgt unter dem Zeichen des Kreuzes, an dem alle unsere Wege und Gedanken ein Ende haben" (146; Hervorhebungen im Text). Deshalb hat sich nicht der Bibeltext vor dem vermeintlich fortgeschrittenen Geist der Gegenwart zu verantworten, sondern die Gegenwart mit ihren Selbstverständlichkeiten muss sich von den biblischen Aussagen kritisch hinterfragen lassen.[11]

---

9 Brief aus Finkenwalde vom 27.1.1936, DBW, Bd. 14, 144ff; die folgenden Seitenzahlen im laufenden Text beziehen sich auf diesen Band. Die folgenden Überlegungen habe ich erstmals vorgetragen in Zimmerling, Bonhoeffer als Praktischer Theologe, 73–75.

10 Im Hinblick auf die heutige Situation in der wissenschaftlichen Exegese sei die folgende Anmerkung erlaubt: Es ist die Frage, wie die Bibel dieses eigenständige Gegenüber werden soll, wenn sie durch eine beinahe beliebig anmutende Weise durch die Exegese in verschiedene Quellen und Entstehungsphasen aufgeteilt wird.

11 Vgl. dazu im Einzelnen Bonhoeffers Vortrag „Vergegenwärtigung neutestamentlicher Texte" (DBW, Bd. 14, 399–421).

Aufseiten des Menschen, der Gottes Stimme in der Schrift hören will, führt das zu einer bestimmten Einstellung beim Lesen. Sie muss mit der Erwartung gelesen werden, dass Gott durch sie die existenziellen Fragen des Menschen beantwortet. „[...] ich glaube, dass [...] wir nur anhaltend und etwas demütig zu fragen brauchen, um die Antwort von ihr zu bekommen" (144f). Bonhoeffer unterscheidet in diesem Zusammenhang mit Luther zwischen der *claritas externa* und der *claritas interna*, der äußeren und der inneren Klarheit der Schrift. Zugang zur *claritas externa* hat jeder Mensch, der sie als ein Buch wie andere auch liest. Das Wesen der Bibel jedoch, ihre *claritas interna*, erschließt sich nur demjenigen, der es wagt, sich so auf die Bibel einzulassen, „als redete hier wirklich der Gott zu uns, der uns liebt und uns mit unsern Fragen nicht allein lassen will" (145). Nur wer bereit ist, der Bibel einen Vertrauensvorschuss zu geben, wird weiterhelfende Antworten durch sie bekommen. Bonhoeffer hat seine Studierenden immer wieder auf ein Zitat Søren Kierkegaards hingewiesen, der dazu auffordert, die Bibel wie einen Liebesbrief Gottes an den Menschen zu lesen. „Denke dir einen Liebenden, der einen Brief von seiner Geliebten erhalten hat; so teuer dieser Brief dem Liebenden ist, so teuer, nehme ich an, ist dir Gottes Wort; wie der Liebende seinen Brief liest, so (nehme ich an) liesest du Gottes Wort und glaubst du, dass du es lesen solltest."[12]

Bonhoeffer ist sich bewusst, so etwas wie ein *sacrificium intellectus* – ein Opfer seines Verstandes – zu bringen (147), wenn er darauf verzichtet, in der Bibel zwischen Gottes- und Menschenwort zu unterscheiden, d.h. wenn er Sachkritik an der Bibel ablehnt. Gerade einer unverständlichen bzw. an-

12 Søren Kierkegaard, Zur Selbstprüfung der Gegenwart anbefohlen (Gesammelte Werke XI), Jena 1922, 19; Bonhoeffer weist auf das Zitat z.B. DBW, Bd. 14, 486 hin.

stößigen biblischen Textstelle möchte er in der Gewissheit begegnen, „dass auch sie sich eines Tages als Gottes eigenes Wort offenbaren wird“ (147). Dahinter steckt nicht zuletzt die Befürchtung, Gottes fremdes Wort sonst zum Verstummen zu bringen und in einer theologisch zurechtgestutzten Bibel doch nur wieder einem göttlichen Doppelgänger seiner selbst zu begegnen.

Dabei genügt es in Bonhoeffers Augen nicht, lediglich theoretisch überzeugt zu sein, dass Gott in der Bibel zum Menschen reden will. Vielmehr muss für den Ausleger die Bereitschaft dazukommen, sich vorzubereiten, Raum und Zeit zur Verfügung zu stellen, um auf Gott zu hören. Ohne Ruhe und Sammlung vor Gott, ohne Kontemplation, wird es nur schwer zur Begegnung mit ihm kommen. In der mündlichen Einleitung zur Vorlesung „Schöpfung und Sünde“ und in der letzten Semesterstunde hat Bonhoeffer nach Angabe von Mitschriften gesagt, dass zum Hören des Wortes Gottes *„exercitium“*, Übung, gehöre.[13] Im einige Jahre später entstandenen Brief an Schleicher schreibt Bonhoeffer aus dem Finkenwalder Predigerseminar, dass er versucht, sich täglich eine ganze Woche lang in den gleichen Bibeltext „zu versenken“ (147). Mit dem Wort „versenken“ verwendet er mystische Begrifflichkeit, die an die spirituelle Praxis der großen christlichen Mystiker wie Meister Eckhart, Tauler, Seuse, Teresa von Avila, Johannes vom Kreuz u. a. erinnert. In der Ruhe und Sammlung vor Gott soll es zur Begegnung mit ihm kommen. Bei Bonhoeffer ist die Kontemplation allerdings streng reformatorisch auf das Wort der Bibel bezogen. In seiner Christologievorlesung von 1933 soll er nach den Mitschriften als zweiten Satz gesagt haben: „Das Schweigen der Kirche ist Schweigen vor dem Wort.“[14]

---

13 Belege in: DBW, Bd. 3, 145 (Nachwort der Herausgeber).

14 Dietrich Bonhoeffer, *Berlin (1932–1933)*, hg. von Carsten Nicolaisen/Ernst-Albert Scharffenorth, DBW, Bd. 12, Gütersloh 1997, 280.

Weil Gott durch das Wort der Bibel zum Menschen reden will, muss dieser vor dem Wort schweigen, um Gott vernehmen zu können. Dass Gott nicht zum einzelnen Christen allein redet, sondern zu diesem als Glied der Gemeinschaft der ganzen Kirche, entreißt die Kontemplation der Privatheit.

3. Inhalt

Im Buch „Schöpfung und Fall" werden Genesis 1–3 und 4,1 ausgelegt. Ich greife im Folgenden exemplarisch zwei Höhepunkte der Auslegung heraus: die Erschaffung des Menschen nach Genesis 1,26f und den Fall des Menschen nach Genesis 3,1-13.

3.1 Das Bild Gottes auf Erden (Genesis 1,26f)

Der Plural „Lasset uns Menschen machen" ist für Bonhoeffer ein Hinweis auf die Bedeutsamkeit des Tuns des Schöpfers. Gleichzeitig werden wir dadurch als Leser gleichsam in Gottes Planen mit hineingezogen. Auch wenn der Mensch in einer Kette mit den übrigen Geschöpfen steht, mit zur tierischen Welt gehört, eine animalische Seite besitzt, hat er doch nach der Aussage des Schöpfungsberichts eine grundsätzlich andere Qualität als die übrigen Geschöpfe: Der Mensch ist nach Gottes Bild geschaffen. Das heißt, er ist ein Abbild der unsichtbaren Majestät Gottes, und er ist jenes Geschöpf, das das Wesen Gottes sichtbar zum Ausdruck bringen soll. Das heißt, Gott selbst geht in das Geschaffene ein. Gott selbst ist in ihm!

Worin besteht die Ähnlichkeit des Menschen mit Gott? Er ist dem Schöpfer für Bonhoeffer darin ähnlich, dass er frei ist. Dabei ist er nicht frei „an sich", gleichsam im luftleeren Raum. Freiheit in der Sprache der Bibel heißt immer frei sein für den anderen. Freiheit ist also keine Qualität, kein Besitz, kein Vorhandenes, kein Gegenständliches. Freiheit ist eine Beziehung. Freisein heißt für Bonhoeffer „frei-sein-für-den-anderen“. Kein substanzieller, aber auch kein individualistischer Begriff lässt Freiheit denken. Der Mensch ist frei für Gott. Nur insofern ist der Mensch auch Abbild Gottes. Der Mensch hat den Adel der Gottesebenbildlichkeit nur, wenn er nicht selbst etwas für sich sein will – unabhängig von Gott. Das Bild gibt es nicht ohne den, den es abbilden soll. Urbild und Abbild sind wesensmäßig aufeinander bezogen.

Für Bonhoeffer tritt noch eine weitere Erkenntnis in unseren Gesichtskreis: Der Mensch bildet Gott nicht als Einzelner ab. Er bildet ihn nur ab als Mann und als Frau. Der Mensch ist Mensch nicht allein. Er ist in Zweiheit. Menschsein gibt es von der Schöpfung her nur in Beziehung. Mann und Frau machen zusammen den Menschen aus. Das heißt, zur Geschöpflichkeit des Menschen gehört wesensmäßig das Angewiesensein auf den anderen. Ich brauche als Einzelner die Ergänzung der anderen, um wirklich Mensch zu sein und zu werden: Ich bin ergänzungsbedürftig. Ich bin frei, wenn ich frei bin für den anderen.

3.2 Vom Fall des Menschen (Genesis 3,1-13)

Zunächst hält Bonhoeffer fest, dass die Bibel keine Auskunft über den Ursprung des Bösen gibt. Die Schlange ist einfach da. Sie gehört sogar ausdrücklich zu den von Gott geschaffenen Tieren. Als Nächstes betont er: Der Mensch hat sich in Freiheit gegen Gottes Gebot entschieden. Er ist schuldig an dem, was ihm im Folgenden widerfährt. Was die Geschichte will: Sie beschreibt, wie sich das Wesen des Menschen durch den Sündenfall grundsätzlich verändert hat.

Für Bonhoeffer steht am Anfang des Falls die fromme Frage. Denn: „Die Schlange war listiger als alle Tiere auf dem Felde." Sie vermag darum eine Frage zu stellen, die den Menschen in Verwirrung bringt. Gott werden Worte in den Mund geschoben, die er nicht gesagt hat. Dadurch gelingt es der Schlange, zwischen Gottes Wort und Gott selbst zu unterscheiden. Sie weiß scheinbar um einen edleren Gott, der ein Verbot nicht nötig hat. Mit der ersten frommen Frage ist in der Welt das Böse auf den Plan getreten. Dieses zeigt sich nicht in seiner Gottlosigkeit – da wäre es machtlos. Es ist vielmehr eingehüllt in das Kleid der Frömmigkeit. Der sprichwörtliche Wolf im Schafspelz. „Sollte Gott gesagt haben" – das ist für Bonhoeffer die gottlose Frage schlechthin. Im Hinblick auf Gottes Gebot lautet die Frage folgendermaßen: Sollte er dies wirklich mir gesagt haben? Gerade jetzt? Gilt es nicht für mich vielleicht gerade nicht? Das ist die ungefährlich ausschauende Frage, durch die das Böse im Menschen Gewalt gewinnt. Auf diese Weise werden Menschen zum Ungehorsam gegenüber Gott vorbereitet.

Durch die Frage der Schlange wird dem Menschen zugemutet, Gottes Wort richtigzustellen, es zu richten, es zu beurteilen, anstatt es vertrauend zu hören und zu tun. Aufgrund einer vermeintlichen Vorstellung von Gott soll der Mensch über Gott urteilen. Er ist damit aus der Beziehung des Vertrauens der Liebe zu Gott herausgefallen.

Der Gipfel der List der Schlange besteht für Bonhoeffer darin, dass sie in ihrer Frage übertreibt. Dadurch muss Eva zwangsläufig die Position der Verteidigerin Gottes einnehmen. Anstatt der Schlange die Tür zu weisen, lässt sie sich auf das Gespräch mit ihr ein. Es hat in ihr irgendwie gezündet. Dabei erfahren die Worte Gottes im Munde Evas eine Verschärfung: „Da sprach das Weib zu der Schlange: Wir essen von den Früchten der Bäume im Garten; aber von den Früchten des Baumes mitten im Garten hat Gott gesagt: Esset nicht davon, rühret's auch nicht an, dass ihr nicht sterbet."

Jetzt holt die Schlange zum entscheidenden Schlag aus. Gott ist zu entmythologisieren. Die Schlange verwirrt dem Menschen die Grundbefindlichkeiten seines Daseins: den Wesensunterschied zwischen Schöpfer und Geschöpf, das Verhältnis von Urbild und Ebenbild. Für Bonhoeffer stehen sich in diesem Moment *sicut deus* (wie Gott sein) und Tod, Herrschaft im Dienst Gottes und Herrschaft aus eigenem Anspruch diametral gegenüber. Die Schlange sagt nichts Geringeres als: Gott hat Angst. Er fühlt sich in seiner Göttlichkeit durch den Menschen bedroht. Darum hat er das Verbot ausgesprochen. Der Schöpfergott wird damit unter der Hand zur mythischen Gottheit. Er kommt in Wirklichkeit aus der gleichen Wurzel wie der Mensch – aus dem Urgrund der Natur. Er ist darum im Letzten nicht mehr als die Menschen. Er ist nur faktisch, nicht wesentlich Herr. Es ist möglich, dass der Mensch ihn entthront und sich selbst zum Herrn macht. Dazu muss der Mensch nur den richtigen Weg finden. Die Schlange zeigt ihn Eva: Er liegt in der Erkenntnis von Gut und Böse. Damit wird auch die Erkenntnis zur mythischen Größe: Wer sie besitzt, hat magische Macht und beherrscht die Welt.

Die Schlange und Eva führen nach Bonhoeffers Ansicht miteinander das erste theologische Gespräch. Gott hat aus Neid etwas verboten. Gott ist also kein guter, sondern ein böser, quälerischer Gott. Gottes Wort ist Lüge. Darum ist es nur konsequent, wenn Eva um der Wahrheit willen Gottes Wort, das Lüge ist, übertritt. Schlangenwahrheit steht gegen Gotteswahrheit: „Ihr werdet mitnichten sterben" – „Ihr müsst des Todes sterben." Gottes Wahrheit ist verbunden mit einem Verbot, die Wahrheit der Schlange mit einer Verheißung. Gottes Wahrheit weist den Menschen auf seine Grenze, die Wahrheit der Schlange auf seine Grenzenlosigkeit.

Im Hinblick auf das weitere Leben des Menschen tut sich damit ein gigantischer Abgrund auf: Macht durch die Verantwortung vor dem eigentlichen Herrn – Macht in alleiniger Verantwortung; der begrenzte, auf Gott bezogene gottebenbildliche Mensch – der in seinem Alleinsein gottgleiche Mensch; der Mensch, gebunden an das Wort des Schöpfers – der Mensch, gebunden an das eigene Wissen um Gott; *imago dei – sicut deus*. Eva versteht die Verheißung der Schlange als Möglichkeit des Frömmerseins, des Gehorsamerseins. Darum verfällt sie ihr.

In der Folge kommt es zum Fall. Eva hört auf zu theologisieren. Sie handelt. Indem sie Gottes Gebot übertritt, tritt der Mensch selbst in die Mitte. Er muss nun aus sich selbst heraus leben. Er ist nunmehr allein. Für Bonhoeffer wird dadurch das Geschöpfsein des Menschen zerstört: Mit der Grenze verliert der Mensch seine Geschöpflichkeit.

Worin besteht nun aber in Bonhoeffers Augen das Wie-Gott-Sein des Menschen? Es zeigt sich zuerst darin, dass dieser sich eigene Erkenntnis Gottes verschafft. Er geht dazu immer aufs Neue hinter das ihm von Gott gegebene Wort Gottes zurück. Fortan steht er unter dem Fluch, fragen zu müssen: „Sollte Gott gesagt haben?"

Er verleugnet seine Grenze, die gerade in der Anerkennung seiner Geschöpflichkeit besteht. Er fällt aus der Einheit von Freiheit und Geschöpflichkeit heraus. Er muss seine Geschöpflichkeit nun als Kränkung empfinden und sie mit allen Mitteln zu leugnen suchen.

Das Ausmaß des Menschenfalls ist unermesslich. Es ist die Zerstörung der Schöpfung durch das Geschöpf.

Die Folge des Falls ist, dass Adam vor Gott flieht. Doch Gott geht ihm nach, hält ihn auf, sucht ihn. „Adam, wo bist du?", ruft Gott. „Steh vor deinem Schöpfer." Bonhoeffer schließt daraus: Der Mensch darf in seinem Abfall von Gott nicht allein bleiben. Es ist Gottes Gnade, dass er den Menschen stellt. Für Bonhoeffer ist das Gewissen nicht die Stimme Gottes im sündigen Menschen, sondern gerade die Abwehr gegen diese Stimme. Der Schöpfer will den flüchtenden Adam, der sich aus Scham meint vor Gott verstecken zu müssen, gerade aus seinem Gewissen herausrufen. „Heraus aus deinem Versteck, aus deinen Selbstvorwürfen, aus deiner Verhüllung, aus deiner Heimlichkeit, aus deiner Selbstquälerei, aus deiner eitlen Reue, bekenne dich zu dir selbst, verliere dich nicht in frommer Verzweiflung, sei du selbst [...]" Damit ist für Bonhoeffer der Weg vorgezeichnet, auf dem Gott in Jesus Christus dem Menschen seine Gnade zuwenden wird: Nicht anders als im offenen Bekenntnis der eigenen Schuld und im Glauben an die Vergebung allein aus Gnaden.

4. Bedeutung für heute

Wie immer man zur Methode von Bonhoeffers Schriftauslegung stehen mag: Man wird seinen Ausführungen in „Schöpfung und Fall" kaum ihre Lebenshaltigkeit absprechen können. Sie überzeugen durch ihre ungebrochene Aktualität, die sich sowohl in Form begeisterter Zustimmung als auch in Form von Ablehnung und Widerspruch zeigen kann. Ein wesentlicher Grund dafür ist, dass Bonhoeffer die biblischen Texte auf ganz spezifische Weise neu und anders als gewohnt liest. Sein Programm einer theologischen Auslegung erlaubt ihm, neu hinzuschauen, nicht abgelenkt von historisch-kritischen Fragestellungen über Textentstehung und Textredaktionen, die letztlich zum inhaltlich-theologischen Verständnis wenig beitragen. Der Ausgangspunkt des Verstehens der Bibel als Buch der Kirche wirkt nicht etwa als Korsett, das das Verstehen einschränkt, sondern befreit Bonhoeffer zu einer Fülle unerwarteter theologischer Entdeckungen.

Dazu gehört die Einsicht, dass der Baum der Erkenntnis des Guten und Bösen das Geschöpfsein des Menschen, seine Grenze, symbolisiert und damit Gnade ist. Indem Gott dem Menschen untersagt, von der Frucht des Baumes zu essen, ermöglicht er ihm Ja zu sagen zu seiner Geschöpflichkeit, worin allein sein Wesen und seine Bestimmung und damit seine Freiheit bestehen. In dem Moment, wo der Mensch diese Grenze überschreitet, verfehlt er sein Wesen, ist verdammt, so wie Gott sein zu müssen, obwohl er doch niemals etwas anderes als Geschöpf sein kann.

Beeindruckend ist weiter Bonhoeffers Erkenntnis, dass Gott den Menschen auch als Gefallenen bejaht. Die Bejahung der Gefallenen Welt zeigt sich für Bonhoeffer darin, dass Gott sie durch Ordnungen erhält, wobei alle diese Ordnungen nicht ewig bestehen, sondern nur als Erhaltungsordnungen auf Christus hin richtig verstanden werden können. Dass Gott den Menschen in der Welt nach dem Fall bejaht, obwohl dieser dazu verurteilt ist, wie Gott zu sein, bringt den Menschen in ein unauflösbares Zwielicht zwischen Gut und Böse. Gerade dieses Zwielicht jedoch ist konstitutiv für das Menschsein nach dem Fall.

Bonhoeffer gelingt es, die Brücke von den Aussagen der Urgeschichte zum Neuen Testament und damit zum Kommen Jesu Christi zu schlagen. Er kann zeigen, dass die Urgeschichte erst im Schicksal Jesu an ihr Ziel kommt. Der Brudermord Kains ist im Rahmen der Urgeschichte der letzte verzweifelte Ansturm, doch noch aus eigener Kraft in das Paradies zurückzukehren. Dieser Versuch wiederholt sich im Mord des Sohnes Gottes am Kreuz auf Golgatha. Doch indem Christus aufersteht, wird der Stamm des Kreuzes zum Holz des Lebens, der Hügel von Golgatha zum Paradies, das Kreuz, „aufgetane Tür der unvergänglichen Hoffnung, des Wartens und der Geduld". Die Auslegung des Alten Testaments von Christus her und auf Christus hin bewährt sich. Bonhoeffer vollzieht damit für heute nach, was bereits die Autoren des Neuen Testaments auf ihre Weise getan haben. Seine Auslegung hat es nicht nötig, das Eigenrecht der alttestamentlichen Texte zu bestreiten. Ohne Gewaltsamkeit wird so deutlich, dass das Alte Testament zum Neuen Testament hin auslegungsoffen ist.

Die Themen, die in der Urgeschichte behandelt werden, betreffen das Menschsein überhaupt und damit jeden einzelnen Menschen. Bonhoeffers Auslegung stellt einen überzeugenden Versuch dar, das heutige Menschsein biblisch zu deuten. Er steht damit in einer Reihe mit berühmten anderen Interpretationsversuchen im Verlauf der Geschichte, auf die er sich z.T. beruft (z.B. auf Michelangelos Darstellung der Erschaffung des Menschen in der Sixtinischen Kapelle). Bonhoeffers spätere „Ethik" führt viele Erkenntnisse aus „Schöpfung und Fall" fort und lässt damit erkennen, dass die Urgeschichte – theologisch gelesen – auch heute noch das Potenzial besitzt, menschliches Handeln angemessen zu orientieren.

Der frühere Mannheimer Islamwissenschaftler Ludwig Hagemann sprach vor einigen Jahren im Hinblick auf die islamischen Gesellschaften von deren „Koranisierung". Von Kindheit an werden Moslems gelehrt, in den Bahnen des Korans zu denken und zu leben – einfach, indem sie die Koransuren auswendig lernen. Im Hinblick auf die US-amerikanische Gesellschaft stellten Literaturwissenschaftler ein vergleichbares Phänomen fest: Sie konstatierten, dass es in ihr zu einer Übertragung des Denkstils eines biblischen Literalismus in das alltägliche Verhalten käme.[15] Hierin scheint die offensichtlich christliche Grundprägung der USA einschließlich ihres öffentlichen Lebens bei gleichzeitiger klarer Trennung von Staat und Kirche ihre Ursache zu haben. In den evangelischen Teilen Deutschlands kam es in der Reformationszeit zu einer ähnlich umfassenden Prägung des öf-

15 So z.B. – allerdings kritisch – der New Yorker Literaturwissenschaftler Vincent Crapanzano (vgl. dazu Andreas Meier, Die Zukunft ist die Bibel der Freien. Staat und Kirche sind in den USA getrennt und doch ganz nah beieinander, in: Zeitzeichen, Heft 2, 2002, 22).

fentlichen Gedächtnisses durch die Bibel. Seit längerer Zeit schwindet dieses Gedächtnis jedoch mehr und mehr. Gegenwärtig hat der biblische Gedächtnisschwund eine rasante Geschwindigkeit erreicht. Das biblische Wort ist mehr und mehr in den Hintergrund des öffentlichen Lebens getreten. In abgeschwächter Form gilt das auch für das interne Leben der Kirche: sowohl für den Religions- als auch für den Konfirmandenunterricht. Genauso ist die persönliche Bibellese für die meisten Protestanten keine Selbstverständlichkeit mehr. Damit einher geht eine innere und äußere Erosion der evangelischen Landeskirchen. Die Schlussfolgerung drängt sich auf, dass es zu einer Erneuerung des Christentums hierzulande nur kommen kann, wenn sein kollektives Gedächtnis wieder ungleich stärker als bisher durch die Bibel geprägt wird. Dazu könnte Bonhoeffers theologische Auslegung der biblischen Urgeschichte einen Anreiz bieten.

Eine weitere Einführung von Peter Zimmerling in das Leben und Werk Dietrich Bonhoeffers finden Sie im Internet:

- Stationen auf dem Weg zur Freiheit:
  Dietrich Bonhoeffers Leben
  www.brunnen-verlag.de/
  peter-zimmerling-dietrich-bonhoeffers-leben

- Stationen auf dem Weg zur Freiheit:
  Dietrich Bonhoeffers Werk
  www.brunnen-verlag.de/
  peter-zimmerling-dietrich-bonhoeffers-werk

Vorwort

Diese Vorlesung ist im Wintersemester 1932/33 in der Universität Berlin gehalten worden und wird auf Bitten aus dem Zuhörerkreis veröffentlicht. Der Text schließt sich so eng, wie es zulässig erschien, an Luther an; die Abweichungen sind im Anschluss an Kautzsch[16] übernommen.

16 Emil Kautzsch (Hg.): *Die Heilige Schrift des Alten Testaments.* 2 Bände. Mohr, Freiburg i. Br. u. a.: 1894 (Anm. d. Hg.)

Einleitung

Die Kirche Christi legt Zeugnis ab vom Ende aller Dinge. Sie lebt vom Ende her, sie denkt vom Ende her, sie handelt vom Ende her, sie verkündigt vom Ende her. „Gedenket nicht an das Alte und achtet nicht auf das Vorige! Denn siehe, ich will ein Neues machen“ Jes 43,18-19. Das Neue ist das wirkliche Ende des Alten; das Neue aber ist Christus. Christus ist das Ende des Alten. Nicht Fortführung, nicht Zielpunkt, Vollendung auf der Linie des Alten, sondern Ende und darum das Neue. Die Kirche redet in der alten Welt von der neuen Welt. Und weil ihr die neue Welt gewisser ist als alles andere, darum erkennt sie die alte Welt allein aus dem Lichte der neuen Welt. Die alte Welt kann an der Kirche keinen Gefallen finden, weil diese von ihrem Ende redet, als sei es schon geschehen, weil sie spricht, als sei die Welt schon gerichtet. Die alte Welt lässt sich nicht gern totsagen. Darüber hat sich die Kirche nie gewundert. Auch das wundert sie nicht, dass sich bei ihr immer wieder solche einstellen, die die Gedanken der alten Welt denken; und wer dächte diese Gedanken gar nicht mehr? Aber das andere muss die Kirche freilich in hellen Aufruhr bringen, dass diese Kinder der vergangenen Welt die Kirche, das Neue, für sich in Anspruch nehmen wollen. Sie wollen das Neue und kennen nur das Alte. Und sie verleugnen so Christus, den Herrn. Allein die Kirche, die vom Ende weiß, weiß auch vom Anfang, weiß dass zwischen Anfang und Jetzt derselbe Bruch liegt wie zwischen Jetzt und dem Ende, dass Anfang und Jetzt sich verhalten wie das Leben zum Tod, das Neue zum Alten. Die Kirche sieht darum den Anfang nur noch im Ende, vom Ende her. Sie sieht die Schöpfung von Christus her; besser, sie glaubt in der gefallenen, alten Welt an die neue Schöpfungswelt des Anfangs und des Endes, weil sie an Christus glaubt und sonst an nichts.

Das alles tut die Kirche, weil sie gegründet ist auf dem Zeugnis der Heiligen Schrift. Die Kirche der Heiligen Schrift – und es gibt keine andere „Kirche" – lebt vom Ende her. Darum liest sie die ganze Heilige Schrift als das Buch vom Ende, vom Neuen, von Christus. Was kann die Heilige Schrift, auf der die Kirche Christi steht, dort wo sie von Schöpfung, vom Anfang redet, anderes sagen, als dass allein von Christus her wir wissen können, was der Anfang sei. Die Bibel ist doch eben nichts als das Buch der Kirche. Sie ist dies ihrem Wesen nach oder sie ist nichts. Darum will sie ganz vom Ende her gelesen und verkündigt sein. Darum ist die Schöpfungsgeschichte in der Kirche allein von Christus her zu lesen und erst dann auf ihn hin; auf Christus hin kann man ja nur lesen, wenn man weiß, dass Christus der Anfang, das Neue, das Ende unserer ganzen Welt ist. Theologische Auslegung nimmt die Bibel als das Buch der Kirche und legt es als solches aus. Ihre Methode ist diese ihre Voraussetzung, ist fortwährendes Zurücklaufen vom Text zu dieser Voraussetzung. Das ist die Sachlichkeit der Methode der theologischen Auslegung. Und in dieser Sachlichkeit allein ist ihr Anspruch auf die Wissenschaftlichkeit begründet. Wenn die Genesis „Jahwe" sagt, so „meint" sie historisch-psychologisch gesehen nichts als Jahwe, so redet sie aber theologisch, d. h. von der Kirche her gesehen, von Gott. Denn dass Gott der Eine Gott ist in der ganzen Heiligen Schrift, mit diesem Glauben steht und fällt die Kirche und die theologische Wissenschaft.

Genesis 1

Der Anfang (1,1-2)

„Am Anfang schuf Gott Himmel und Erde, und die Erde war wüst und leer; und es war finster auf der Tiefe. Und der Geist Gottes schwebte auf dem Wasser."

An dem Ort, an dem die leidenschaftlichsten Wellen unseres Denkens branden, in sich selbst zurückgeworfen werden und ihre Kraft verschäumen, setzt die Bibel ein. Kaum ist uns ihr erstes Wort für einen Augenblick sichtbar geworden, da rasen schon wieder die Wogen heran und umhüllen es mit Kronen von Schaum. Dass die Bibel vom Anfang redet, das bringt die Welt, das bringt uns auf. Denn wir können nicht vom Anfang reden, dort wo der Anfang anfängt, hört unser Denken auf, ist es am Ende. Und doch ist es die innerste Leidenschaft unseres Denkens, es ist das, was jeder echten Frage letzten Endes Existenz verleiht, dass wir nach dem Anfang fragen wollen. Wir wissen, dass wir dauernd nach dem Anfang fragen müssen und dass wir doch nie nach ihm fragen können. Warum nicht? Weil wir den Anfang nur als Unendliches, also gerade als das Anfanglose denken können. Weil der Anfang die Freiheit ist und wir die Freiheit immer nur in der Notwendigkeit denken können, also als das eine unter anderem, aber nie als das Eine schlechthin vor allem anderen. Fragen wir, warum dies so sei, dass wir immer vom Anfang her und in Bezug auf ihn hin denken und ihn doch nie denken, ja nicht einmal erfragen können, so ist dieses „Warum?" wieder nur der Ausdruck für eine Reihe, die ins Endlose zurückgetrieben werden könnte und doch den Anfang nicht erreichte. Das Denken kann sein eigenes letztes „Warum" nie beantworten, weil auch diese Antwort wieder ein „Warum" gebären würde. Das „Warum" ist vielmehr der Ausdruck für das anfanglose Denken *κατ' ἐξοχήν* [*kat' exochēn* [17]]. Unser Denken, d. h. das Denken derer, die zu Christus müssen, um von Gott zu wissen, der gefallenen Menschen, ist anfanglos, weil es ein Ring ist. Wir denken im Ring. Wir fühlen und wollen aber auch im Ring. Wir existieren im Ring. Es besteht die Möglichkeit zu sagen, es sei dann eben überall Anfang; dem steht aber ebenso legitim der andere Satz gegenüber, es sei eben darum überhaupt kein Anfang. Das Entscheidende aber ist dies, dass das Denken diesen Ring für das Unendliche, Anfängliche selbst hält und sich doch damit in einen *circulus vitiosus*[18] verwickelt. Denn dort, wo es sich auf sich selbst als das Anfängliche richtet, setzt es sich selbst als Objekt, als Gegenstand seiner selbst, zieht sich also selbst immer wieder hinter diesen Gegenstand zurück, bzw. ist jeweils vor dem Gegenstand, den es setzt. Es ist ihm also unmöglich, diese letzte Aussage über den Anfang zu machen. Am Anfang zerreibt sich das Denken. Weil das Denken auf den Anfang hin will und ihn doch nie wollen kann, darum ist alles Denken ein sich selbst Zerreiben, ein An-sich-selbst-Scheitern, Zerbrechen, Zergehen angesichts des Anfangs, den es will und nicht wollen kann. Darum ist die hegelsche Frage: „Wie gewinnen wir einen Anfang in der Philosophie?" nur durch einen Gewaltstreich der Inthronisierung der Vernunft an Gottes statt zu beantworten. Darum ist kritische Philosophie die systematische Verzweiflung an ihrem eigenen, an jedem Anfang. Ob sie stolz auf das verzichtet, was sie nicht vermag oder ob ihre Resignation zu ihrer völligen Destruktion führt, es ist im Grund derselbe Hass des Menschen gegen den Anfang, den er nicht kennt.

---

17 „Schlechthin", „in herausragender Weise" (Anm. d. Hg.).

18 „Fehlerhafter Kreis" (Anm. d. Hg.).

Der Mensch lebt nicht mehr im Anfang, sondern er hat den Anfang verloren – nun findet er sich vor in der Mitte, weder um das Ende noch um den Anfang wissend, und doch dies wissend, dass er in der Mitte ist, dass er also vom Anfang herkommt und aufs Ende hinmuss. Er sieht sein Leben bestimmt durch jenes beides, von dem er nur weiß, dass er es nicht kennt. Das Tier weiß nicht um Anfang und Ende. Darum kennt das Tier keinen Hass und keinen Stolz. Der Mensch, der sich seiner eigenen Bestimmung gänzlich beraubt weiß, weil er vom Anfang her und zum Ende hin ist, ohne zu wissen, was das heißt, hasst den Anfang und ist stolz gegen ihn.

Es kann darum für den Menschen schlechterdings nichts Beunruhigenderes, nichts Aufregenderes geben, als wenn einer vom Anfang redet, als sei es nicht das gänzlich unsagbare, unaussprechliche dunkle Jenseits meiner blinden Existenz; man wird über ihn herfallen, man wird ihn den Erzlügner oder den Heiland selbst nennen, und man wird ihn töten, wenn man hört, was er sagt. Wer kann es sagen? Entweder der, der der Lügner ist, von Anfang an der Böse, für den der Anfang Lüge und die Lüge der Anfang ist, der Böse, dem der Mensch glaubt, weil er ihn belügt. Und weil er lügt, darum wird er sagen: Ich bin der Anfang und du Mensch bist der Anfang. Du warst von Anfang an mit mir. Ich habe dich gemacht zu dem, was du bist, und bei mir ist dein Ende aufgehoben. Ich bin der Anfang und das Ende, das A und das O; bete mich an, ich bin die Wahrheit, aus der die Lüge kommt; denn ich bin die Lüge, die die Wahrheit erst gebiert. Du bist der Anfang und du bist das Ende, denn du bist in mir; glaube mir, dem Lügner von Anfang her, lüge, so bist du im Anfang und ein Herr der Wahrheit. Entdecke deinen Anfang selbst. So spricht der Böse, weil er von Anfang an der Lügner ist. Entweder er spricht, oder aber es spricht der andere, der von Anfang an die Wahrheit ist und der Weg und das Leben, der im Anfang war, Gott selbst, Christus, der Heilige Geist. Niemand kann vom Anfang reden als der im Anfang war. So beginnt die Bibel mit der freien Selbstbestätigung, Selbstbezeugung, Offenbarung Gottes: „Im Anfang schuf Gott …" Aber kaum wird dieser Fels im Meer einen Augenblick sichtbar, so ist er schon wieder überschüttet von dem durch diesen Anblick des Unerschütterlichen zum Rasen gebrachten Meer. Was heißt es, dass im Anfang Gott ist? Welcher Gott? Dein Gott, den du dir machst aus der eigenen Not, weil du einen Götzen brauchst, weil du nicht leben magst ohne den Anfang, ohne das Ende, weil dir die Mitte Angst macht? Im Anfang ist Gott, das ist eben deine Lüge, die nicht besser, sondern feiger ist als die des Bösen selbst. Woher weißt du, Unbekannter, der du diesen Satz schriebst, vom Anfang, hast du es gesehen, warst du am Anfang dabei? Spricht nicht dein Gott selbst zu dir: „Wo warst du, da ich die Erde gründete? Sage an, bist du so klug!" (Hiob 38,4.) Also was ist es mit diesen ersten Worten der Schrift? Gaukelei der feigen Fantasie eines Menschen, der nicht in der Mitte stolz oder resigniert zu leben vermag, eines Menschen also, der wir selbst alle auch sind, die wir aus Feigheit unseres anfangs- und endlosen Lebens zu einem Gott schreien, der unser eigenes Ich ist? Wie sollten wir auf diesen Vorwurf entgegnen können? Es ist ja wahr, der vom Anfang redet, redet von seiner Angst im Ringe des Lebens, auch der, der die Bibel schrieb, oder aber nicht er redet, sondern es redet eben Gott selbst, der schlechthin Anfängliche, der schlechthin vor unserem Leben, Denken und seiner Angst Seiende, der allein von sich selbst sagt, dass er am Anfang ist, der sich durch nichts bezeugt als durch dies Wort, das eben als Wort eines Buches, als Wort eines frommen Menschen ganz Wort aus der Mitte und nicht aus dem Anfang ist. „Am Anfang schuf Gott …" Dies, als menschliches Wort gesagt und gehört, ist die Knechtsgestalt, in der Gott von Anfang an uns begegnet, sich allein finden lässt. Es ist nicht Tiefsinn und nicht Leichtsinn, sondern es ist Gottes Wahrheit, sofern *er* es sagt. Am Anfang – Gott, das ist wahr, wenn er uns hier in der Mitte mit diesem Wort lebendig ist, nicht als der Ferne, Ruhende, ewig Seiende, sondern als der Schaffende. Vom Anfang im eigentlichen Sinn können wir nur *wissen,* indem wir in der Mitte zwischen Anfang und Ende vom Anfang hören; sonst wäre es nicht der Anfang schlechthin, der eben auch unser *Anfang* ist. Von Gott als dem Anfang wissen wir hier in der Mitte des verlorenen Anfangs und des verlorenen Endes allein – als von dem Schöpfer.

Am Anfang *schuf* Gott Himmel und Erde. Nicht war er erst und dann schuf er, sondern am Anfang schuf Gott. Dieser Anfang ist der Anfang in der ängstenden Mitte und zugleich jenseits der ängstenden Mitte, in der wir sind. Nicht wissen wir von diesem Anfang, indem wir aus der Mitte heraustreten und selbst anfänglich würden. Weil wir das nur in der Lüge vermöchten, wären wir dann gerade nicht im Anfang, sondern nur in der durch Lüge verhüllten Mitte. Das ist für alles Folgende scharf im Auge zu behalten. Allein in der Mitte vernehmen wir den Anfang.

Es entsteht die doppelte Frage: Ist dieser Anfang Gottes Anfang oder ist es der Anfang Gottes mit der Welt? Aber schon das Entstehen dieser Frage beweist, dass wir nicht mehr wissen, was Anfang heißt. Wenn über den Anfang nur geredet werden kann von dem, der in der Mitte sich ängstet um den Anfang und das Ende, von dem, der an seinen eigenen Ketten reißt, von dem – nun einmal etwas Späteres vorwegnehmend –, der nur in seiner Sünde um seine Geschaffenheit von Gott her weiß – dann kann doch nicht mehr gefragt werden, ob dieser Anfang Gottes Anfang oder Gottes Anfang mit der Welt ist, da eben für uns Gott als der Anfang kein anderer ist, als der am Anfang die Welt schuf und uns schuf, und weil wir eben von diesem Gott gar nicht anders wissen können als von dem Schöpfer unserer Welt. Wenn

Luther auf die Frage, was Gott vor der Erschaffung der Welt getan habe, antwortete, er habe Ruten geschnitzt für Leute, die solche unnützen Fragen stellen, so schlägt er damit nicht nur dem Frager seine Frage ab, sondern er sagt zugleich, dass Gott eben dort, wo er nicht als der gnädige Schöpfer erkannt wird, nur als der zornige Richter gewusst werden muss, d. h. aber eben auch immer in Bezug auf die Mitte zwischen Anfang und Ende. Es gibt keine mögliche Frage, die hinter diesen am Anfang schaffenden Gott zurückgehen könnte. Es gibt also auch nicht die Frage nach dem Warum der Schöpfung, nach dem Weltplan Gottes, nach der Notwendigkeit der Schöpfung – eben diese Fragen werden endgültig erledigt und als gottlose Fragen aufgedeckt durch den Satz: „Am Anfang schuf Gott Himmel und Erde." Nicht: Am Anfang hatte Gott diesen oder jenen Gedanken über das Ziel der Welt, Gedanken, die wir nun weiter aufzufinden hätten, sondern am Anfang *schuf* Gott, und hinter den schaffenden Gott kann keine Frage zurück, weil man hinter den Anfang nicht zurück kann.

Daraus ergibt sich, dass der Anfang keine zeitliche Bestimmung ist. Hinter den zeitlichen Anfang kann man immer zurück. Aber es ist das schlechthin Einmalige, das den Anfang qualifiziert; einmalig nun auch nicht im Sinn der Zahl, sondern im qualitativen Sinne, d. h. als das schlechthin Unwiederholbare, als das ganz Freie. Man könnte eine dauernde Wiederholung freier Akte denken, daran wäre nur das grundsätzlich falsch, dass sich Freiheit nicht wiederholen lässt; sonst wäre es eben durch Freiheit bedingte Freiheit, d. h. aber Unfreiheit, nicht mehr Anfang *κατ' ἐξοχήν* [*kat' exochēn*[19]].

Dies schlechthin unwiederholbare, einmalige, freie Geschehen am Anfang, das nun keinesfalls mit der Zahl 4800 oder einer derartigen Datierung verwechselt werden darf, ist

19 „Schlechthin", „in herausragender Weise" (Anm. d. Hg.).

die Schöpfung. Am Anfang schuf Gott Himmel und Erde; d. h. der Schöpfer schafft – aus Freiheit! – das Geschöpf. Der Zusammenhang von beiden ist durch nichts bedingt als durch die Freiheit, d. h. er ist unbedingt. Damit ist jede Anwendung kausaler Kategorien für das Verständnis der Schöpfung ausgeschlossen. Schöpfer und Geschöpf können keinesfalls im Verhältnis von Ursache und Wirkung interpretiert werden; denn zwischen Schöpfer und Geschöpf steht weder ein Denkgesetz noch ein Wirkgesetz noch sonst irgendetwas. Zwischen Schöpfer und Geschöpf ist schlechthin *das Nichts.* Denn Freiheit vollzieht sich in und aus dem Nichts. Es lassen sich also keinerlei Notwendigkeiten in Gott aufweisen, die zur Schöpfung führen könnten oder gar müssten, es ist schlechthin nichts, das die Schöpfung begründet. Die Schöpfung kommt aus diesem Nichts.

Nun könnte der Mensch freilich abermals versuchen, sich aus der ängstenden Mitte herauszustellen und selbst anfänglich zu werden. Er könnte auch dieses Nichts wieder als das die Schöpfung gebärende Etwas zu denken unternehmen. Aber das Nichts hat dort, wo von *Schöpfung* geredet wird, d. h. theologisch, einen völlig anderen Sinn als dort, wo es in dem anfanglosen Denken als das endlose Ende auftaucht. Das Nichts taucht in unserem philosophierenden Denken dort auf, wo der Anfang nicht gedacht werden kann. Es ist damit letztlich nie etwas anderes als der Grund für Sein. Das Nichts als der Grund für Sein ist als das schöpferische Nichts verstanden, und man müsste nun wieder hinter dieses Nichts zurückfragen, ohne auf den Anfang zu stoßen. Das Nichts des Menschen in der Mitte, der nicht um den Anfang weiß, ist der letzte Erklärungsversuch, ist der Durchgangspunkt für das Seiende. Wir nennen es das erfüllte, geladene, das selbstherrliche Nichts. Das Nichts, das zwischen der Freiheit Gottes und der Schöpfung liegt, ist weder ein Erklärungsversuch für die Schöpfung des Seienden, ist also nicht die Materie, aus der dann in paradoxer Weise die Welt entstünde, der notwendige Durchgangspunkt für das Seiende, es ist überhaupt nicht ein Etwas, auch nicht ein negatives Etwas, es ist diejenige Bestimmung, die allein das Verhältnis der Freiheit Gottes zu seiner Schöpfung auszusagen vermag. Das Nichts ist also auch nicht eine Urmöglichkeit, ein Grund Gottes selbst, es „ist" überhaupt „Nichts", es geschieht vielmehr in der Tat Gottes selbst, und es geschieht immer als das schon verneinte, nicht mehr als das geschehende, sondern als das immer schon geschehene Nichts. Wir nennen es das gehorsame, das gottesgewärtige Nichts, das Nichts, das seinen Ruhm und seinen Bestand nicht in sich selbst, auch nicht in seiner Nichtigkeit hat, sondern allein in der Tat Gottes. Also Gott brauchte kein Zwischenglied zwischen sich und der Schöpfung, auch das Nichts ist kein solches „Zwischen", sondern er bejaht das Nichts nur, sofern er es schon überwunden hat. Das wollten die Alten sagen mit der etwas ungeschickten Umschreibung des Nichts als des *nihil negativum* (im Unterschied vom *nihil privativum*, das als Urseiendes verstanden war[20]). Das Nichts hat für die erste Schöpfung nichts Ängstendes, es ist vielmehr selbst der ewige Lobpreis des Schöpfers, der aus Nichts die Welt schuf. Die Welt steht im Nichts, das heißt im Anfang, und das heißt nichts anderes als: Die Welt steht ganz in der Freiheit Gottes. Das Geschöpf gehört dem Schöpfer. Es heißt nun aber auch dies: Der Gott der Schöpfung, des schlechthinnigen Anfangs, ist der Gott der Auferstehung. Die Welt steht von Anfang an im Zeichen der Auferstehung Christi von den Toten. Ja, weil wir um die Auferstehung wissen, darum wissen wir um die Schöpfung

20 Das *„nihil privativum"* meint das Nichts als Negation bzw. Abwesenheit einer bestimmten Sache – z. B. Dunkelheit als Abwesenheit des Lichts. Das „nihil negativum" meint demgegenüber das schlechthin Nichtseiende, das überhaupt keinen Seinsmodus und keine Beziehung zum Seienden hat. Mit „Die Alten" meint Bonhoeffer „die alten Dogmatiker" (Anm. d. Hg.).

Gottes am Anfang, um das Schaffen Gottes aus dem Nichts. Der tote Jesus Christus des Karfreitags – und der auferstandene *κύριος* [*kyrios*] des Ostersonntags, das ist Schöpfung aus dem Nichts, Schöpfung vom Anfang her. Dass Christus tot war, war nicht die Möglichkeit seines Auferstehens, sondern die Unmöglichkeit, war das Nichts selbst, war das *nihil negativum*. Es ist schlechterdings kein Übergang, kein Kontinuum zwischen dem toten und dem auferstandenen Christus als die Freiheit Gottes, die am Anfang aus dem Nichts sein Werk schafft. Wenn es möglich wäre, das *nihil negativum* noch zu verstärken, so müsste hier bei der Auferstehung gesagt werden, es sei mit dem Tode Christi am Kreuz das *nihil negativum* in Gott selbst hineingenommen – oh große Not, Gott selbst ist tot – aber er, der der Anfang ist, lebt, vernichtet das Nichts und schafft die neue Schöpfung in seiner Auferstehung. Aus seiner Auferstehung wissen wir um die Schöpfung, – denn wäre er nicht auferstanden, so wäre der Schöpfer tot und bezeugte sich nicht; aus seiner Schöpfung aber wissen wir dann wieder um die Kraft seines Auferstehens, weil er der Herr bleibt.

Am Anfang, d. h. aus Freiheit, d. h. aus Nichts schuf Gott Himmel und Erde. Das ist der Trost, mit dem die Bibel uns in der Mitte, uns sich vor dem falschen Nichts, dem anfanglosen Anfang und endlosen Ende Ängstende anredet. Es ist das Evangelium, es ist Christus, der Auferstandene selbst, von dem hier gesagt wird. Dass Gott am Anfang ist und dass er am Ende sein wird, dass er frei ist über die Welt und dass er uns das wissen lässt, das ist Barmherzigkeit, Gnade, Vergebung, Trost.

„Und die Erde war wüst und leer; und es war finster auf der Tiefe, und der Geist Gottes schwebte über den Wassern."

Der Anfang ist gemacht. Aber noch bleibt der Blick gebannt auf jenes Geschehen, auf den freien Gott. Dass es wahr ist, dass es getan ist, dass Himmel und Erde da sind, dass das Wunder geschehen ist, dem gilt das ganze Staunen. Nicht das Werk, nein, der Schöpfer will verherrlicht werden – die Erde ist wüst und leer, aber Er ist der Herr – er, der das ganz Neue tut, das fremde, unbegreifliche Werk seiner Herrschaft und Liebe. „Die Erde war wüst und leer“, aber es war dennoch unsere Erde, die aus Gottes Hand hervorging und nun ihm bereit liegt, ihm unterworfen in frommer Anbetung. Gott wird von der Erde, die wüst und leer war, zuerst gepriesen. Er braucht nicht uns Menschen, um sich Ruhm zu bereiten, er schafft sich Anbetung aus der sprachlosen Welt, die stumm und gestaltlos in seinem Willen ruht, schlummert. „Und es war finster auf der Tiefe, und der Geist Gottes schwebte über den Wassern …“ Was kann über das Werk angesichts der Tat, was kann über das Geschöpf angesichts des Schöpfers anderes gesagt werden, als dass es finster ist und dass es in der Tiefe ist. Dass es sein Werk ist, das ist seine Ehre, und dass es finster vor ihm ist, das ist der Ruhm Seiner Schöpferherrlichkeit. In der Tiefe liegt es unter ihm. Wie wir schwindelnd in einen Abgrund vom hohen Berg herabschauen und die Nacht der Tiefe unter uns liegt, so ist die Erde ihm zu Füßen, fern, fremd, finster, tief, aber sein Werk. Die finstere Tiefe – das ist der erste Klang von der Macht der Finsternis, von der Passion Jesu Christi. Die Finsternis, die *tehōm*, die *tihāmat*, das babylonische „Urmeer“, beschließt in sich gerade in ihrem Tiefsein Macht, Gewalt; Macht und Gewalt, die jetzt dem Schöpfer noch zur Ehre dienen, die aber einmal vom Ursprung, vom Anfang losgerissen, Aufruhr und Empörung sind. Das Wüste, Leere, Finstere, Tiefe, das sich nicht selbst zur Gestalt verhelfen kann, die Zusammenballung des Gestaltlosen, dumpf Bewusstlosen, Ungeformten – denn in der Nacht, im Abgrund gibt es nur das Gestaltlose – ist sowohl der Ausdruck der schlechthinnigen Unterworfenheit wie der ungeahnten Gewalt des Gestaltlosen, die auf ihre Bindung in der Gestalt harrt.

Es ist ein Augenblick in Gott, in dem sich das Ungestaltete und sein Schöpfer gegenüber sind. Es ist ein Augenblick, von dem es heißt, Gottes Geist schwebte über den Wassern – es ist der Augenblick des Denkens Gottes, des Planens, des Erzeugens der Form. Es kann nicht heißen, dass das Verhältnis von Schöpfer und Geschöpf irgendwie angetastet wird, dass Gott hier mit seinem Geschöpf sich vermählt, um es fruchtbar zu machen, dass er mit ihm eins würde – die kosmogonische Vorstellung vom Weltenei, über dem die Gottheit brütet, ist hier jedenfalls nicht gemeint. Gott bleibt schlechthin der Schöpfer über der Tiefe, den Wassern. Aber dieser Gott, der der Schöpfer ist, hebt nun noch einmal an. Die Erschaffung des Gestaltlosen, der Leere, der Finsternis ist von der Erschaffung der Gestalt durch einen Augenblick Gottes unterschieden, der hier durch das Schweben des Geistes über den Wassern bezeichnet ist. Gott sinnt nach über sein Werk. Die Entbindung und zugleich die Bindung der gestaltlosen Gewalt in die Form, des Daseins ins Sosein, ist der Augenblick des Zögerns Gottes. Der Lobpreis, den Gott sich bereitet aus der rohen Finsternis des Ungestalteten, soll vollendet werden durch die Form. Noch ruht das Geschaffene gänzlich in seiner Hand und Macht, es hat kein eigenes Sein, und doch wird erst dort das Lob des Schöpfers vollendet, wo das Geschöpf sein eigenes Sein aus Gott empfängt und in eigenem Sein Gottes Sein preist. In der Gestaltschaffung entsagt der Schöpfer sich selbst, indem er seinem Werk Gestalt, eigenes Sein vor ihm gibt, aber er verherrlicht sich selbst, indem ihm dies Sein dient. Er steigert die Gewalt des Geschaffenen damit ins Unerhörte, denn er gibt ihm das eigene Sein als Gestalt. In der Gestalt ist die Schöpfung Gott in neuer Weise gegenüber und in diesem Gegenüber ihm ganz zu eigen.

Das Wort (1,3)

„Und Gott sprach: Es werde Licht und es ward Licht."

Im Unterschied von allen Schöpfungsmythen, in denen die Gottheit ihre Natur opfert, in denen aus ihrer naturhaften Fruchtbarkeit die Welt entspringt, in denen also die Schöpfung als ein Sichentfalten, Sichgestalten, Gebären der Gottheit verstanden wird, in denen also die Schöpfung selbst ein Stück der Natur Gottes ist, in denen also das Leiden der Natur, ihres Gebärens und Vergehens, das Leiden der Gottheit selbst ist, – im Gegensatz zu all dem bleibt der Gott der Bibel ganz Gott, ganz Schöpfer, ganz der Herr, und sein Geschöpf bleibt ganz das unterworfene, gehorsame, ihn als den Herrn lobpreisende, anbetende. Er ist nie die Schöpfung. Er ist immer der Schöpfer. Er ist nicht die Substanz der Natur; es ist kein Kontinuum da, das ihn mit seinem Werk verbände, vereinigte – es sei denn sein *Wort*. Gott sprach ...; die einzige Kontinuität zwischen ihm und dem Werk ist das Wort, d. h. „an sich" ist kein Kontinuum da; ist das Wort nicht da, so stürzt die Welt ins Bodenlose. Dies Wort Gottes ist nicht seine Natur, auch nicht sein Wesen, sondern sein Gebot – er selbst ist es, der in diesem Wort denkt und schafft, aber eben er, als der, der dem Geschöpf begegnen will als der Schöpfer. Gottes Schöpfertum ist nicht seine Natur, sein Wesen, sondern sein Wille, Gebot, in dem er sich selbst uns gibt, wie er will. Dass Gott im Wort schafft, heißt, dass Schöpfung Befehl, Geheiß Gottes ist und dass dieser Befehl frei ist. Gott *spricht,* d. h., er schafft ganz frei und bleibt auch in seinem Schaffen seinem Werk gegenüber noch ganz frei. Er ist nicht an das Werk gebunden, aber er bindet sein Werk an sich. Er geht nicht substanziell in sein Werk ein, sondern seine Beziehung zu seinem Werk ist sein Befehl; d. h., er ist nie anders in der Welt, als indem er schlechthin jenseits der Welt ist. Er ist als Wort *in* der Welt, weil er der schlechthin Jenseitige ist, und er ist der schlechthin Jenseitige, weil er *im Wort* in der Welt ist. Nur im Wort der Schöpfung kennen wir den Schöpfer, im Wort in der Mitte haben wir den Anfang. Also nicht „aus" den Werken erkennen wir den Schöpfer, als ob die Substanz, die Natur, das Wesen des Werkes letztlich nun doch irgendwie identisch wäre mit der Natur Gottes, als ob es da irgendein Kontinuum, etwa das von Ursache und Wirkung gäbe, sondern allein weil Gott durch sein Wort sich zu diesen Werken bekennt und weil wir dieses Wort über diese Werke *glauben*, darum glauben wir ihn als den Schöpfer. – Keine *via eminentiae, negationis, causalitatis*[21]!

Dass Gott spricht, ist zunächst im prägnanten Sinne zu verstehen. Wort heißt gesprochenes Wort, heißt nicht Symbol, Bedeutung, Idee, sondern die benannte Sache selbst. Dass Gott sprechend schafft, heißt, dass der Gedanke und der Name und das Werk in der geschaffenen Wirklichkeit in Gott eines sind. Also nicht, dass das Wort „Wirkungen" habe, sondern dass das Wort Gottes bereits Werk ist, darauf kommt es an. Was in uns hoffnungslos auseinanderbricht, ist für Gott unlöslich eines: das Wort des Befehls und das Geschehen. Der Imperativ ist bei Gott der Indikativ. Dieser folgt nicht aus jenem, er ist nicht die Wirkung, sondern er ist es. Auch das Schaffen Gottes kann man nicht als „Wirken"

21 Mit *via eminentiae*, *via negationis*, *via causalitatis* wurden in der Theologie des Mittelalters drei Weisen bezeichnet, von Gott zu reden: Auf der *via causalitatis* (Weg der Kausalität) werden positiv Gottes Eigenschaften anhand der Wirkungen beschrieben, die von diesen Eigenschaften in der Welt wahrgenommen werden können (z. B. Güte oder Weisheit). Demgegenüber kann man gemäß der *via negationis* (Weg der Verneinung) von Gott nur reden, indem man Eigenschaftsaussagen verneint (z. B. „Gott ist ungezeugt"). Die *via eminentiae* (Weg des Überstiegs) meint die Rede von Gott in Form von Übersteigerung irdischer Aussagen (Gott ist über-gut, über-seiend). Auf allen drei Wegen wird von der Schöpfung logisch auf den Schöpfer rückgeschlossen, und sei es nur auf dem Weg der Verneinung (Anm. d. Hg.).

bezeichnen, weil hierin der Befehlscharakter, die absolute Freiheit des Schaffens, die im Wort, das eine bestimmte Wirklichkeit umgreift, zum Ausdruck kommt, die Freiheit des Schaffenden vom Geschöpf, nicht enthalten ist. Dass es aus Freiheit ist, drückt das Wort aus, dass es aus Vollmacht ist, drückt das Geschehen aus. Dass es für uns eine absolute Unmöglichkeit ist, Indikativ und Imperativ zusammenzudenken, ist der Hinweis darauf, dass wir nicht mehr in der Einheit des Tatwortes Gottes leben, sondern gefallen sind. Uns ist der Zusammenhang von Imperativ und Indikativ immer nur als durch ein Kontinuum vermittelt denkbar, meist unter dem Kausalitätsschema von Ursache und Wirkung. Das berechtigt dann zu dem Schluss von der „Wirkung" auf die „Ursache".

Gerade dies gilt für die Schöpfung nicht; sie ist nicht „Wirkung" des Schöpfers, an der man einen notwendigen Zusammenhang mit der Ursache (Schöpfer) ablesen könnte, sondern sie ist in Freiheit im Wort geschaffenes Werk.

Dass Gott spricht und sprechend schafft, sagt die Bibel seltsamerweise erst dort, wo es um die Schaffung der Gestalt, um das Entreißen der Form aus dem Gestaltlosen geht. Dem Wort entspricht die Gestalt. Das Wort hebt heraus, umreißt, begrenzt das Einzelne, das Wirkliche, das Ganze. Das Wort ruft das Seiende aus dem Nichtsein, dass es sei. Es ist ein durchaus dunkler, gänzlich unzugänglicher Hintergrund, der sich hier hinter dem Schöpfungswort auftut. Es bleibt uns schlechterdings unmöglich, jenen ersten wortlosen Akt der Schöpfung zu begreifen, denn der Schöpfer ist Einer, und wir sind als seine Geschöpfe durch sein Wort geschaffen; diese zwei Augenblicke in Gott sind ein Akt, anders können wir es nicht sagen.

„Es werde Licht, und es ward Licht." Weil es finster war auf der gestaltlosen Tiefe, darum muss das Licht die Gestalt schaffen. Wie die gestaltlose Nacht durch das Licht des Morgens zur Gestalt wird, wie das Licht die Gestalt enthüllt und schafft, so musste jenes Urlicht das Chaos ordnen, die Gestalt enthüllen und schaffen. War jenes Wort von der Finsternis auf der Tiefe der erste Hinweis auf die Passion Jesu Christi, so ist nun die Befreiung der unterworfenen, gestaltlosen Tiefe zum eigenen Sein durch das Licht der Hinweis auf das Licht, das in der Finsternis scheint. Das Licht erweckt die Finsternis zum eigenen Sein, zum freien Lobpreis des Schöpfers. Ohne das Licht wären wir nicht – denn ohne das Licht gibt es kein Gegenüber, weil es keine Gestalt gibt. Ohne Gegenüber aber gibt es keine freie Anbetung Gottes. Die unterworfene Tiefe betete Gott an in unterworfener, dumpfer, unfreier Gegenüberlosigkeit, die Gestalt im Licht vernimmt das Gegenübersein als ihr eigenes Sein und dankt es ganz dem Schöpfer. Die vom Licht gespendete Durchsichtigkeit, Klarheit und Unbeschwertheit des eigenen Seins im Gegenübersein mit der anderen geschaffenen Gestalt und mit dem Schöpfer ist das Werk des ersten Wortes des Schöpfers. In seinem geschaffenen Licht sieht die Schöpfung sein Licht.

Der Blick Gottes (1,4a)

„Und Gott sah, dass das Licht gut war."

Das ist der dritte Augenblick in Gott, wenn er sein geschaffenes Werk ansieht, ein Augenblick, der für uns ebenso wie die beiden ersten nicht getrennt zu denken ist von den anderen. Dass Gott sein Werk ansieht und sein Wohlgefallen an ihm hat, weil es gut ist, das heißt, dass Gott sein Werk liebt und darum erhalten will. Schaffen und Erhalten, das sind zwei Seiten des einen Tuns Gottes; es kann ja nicht anders sein, als dass das Werk Gottes gut ist und dass er das Werk nicht verwirft, vernichtet, sondern liebt und erhält. Im Blicke Gottes kommt sein Werk zur Ruhe, vernimmt es sein Wohlgefallen. Der Blick Gottes bewahrt die Welt vor dem Zurückstürzen ins Nichts, vor der gänzlichen Vernichtung. Der Blick Gottes sieht die Welt als gute, als geschaffene – auch wo sie gefallene Welt ist –, und um des Blickes Gottes willen, mit dem er sein Werk umfängt und nicht lässt, leben wir. Dass Gottes Werk gut ist, heißt keinesfalls, dass die Welt die beste aller denkbaren Welten ist, sondern es heißt, dass sie ganz vor Gott lebt, dass sie von ihm her und auf ihn hin lebt und dass er ihr Herr ist. Es ist das vom Bösen ununterschiedene Gute, das hier gemeint ist, das darin besteht, dass es unter der Herrschaft Gottes ist. Es ist also das Werk selbst, das gut ist, die Schöpfung ist das gute Werk Gottes, das er für sich selbst tut. Dass das Werk gut ist und sein soll und nicht allein der Wille, das ist biblische gegen kantische Einsicht. Dass das Getane, der Zustand, die Verleiblichung des Willens, dass die Welt gut ist, dass Gottes Reich auf Erden sei, dass sein Wille auf der Erde geschehe, Tat werde, darum geht es in der ganzen Bibel. Weil die Welt Gottes ist, darum ist sie gut. Gott will eine gute Welt, ein gutes Werk, er, der Schöpfer und Herr der Welt ist. Die Flucht aus dem geschaffenen Werk in den leiblosen Geist, in die Gesinnung, ist untersagt. Gott will sein Werk ansehen, lieben, gut nennen und erhalten. Es ist ein wesenhafter Unterschied zwischen *creatio continua* und Erhaltung. Im Gedanken der *creatio continua* wird die Welt je und je dem Nichts entrissen. Dieser Gedanke beraubt aber durch den Begriff einer diskontinuierlichen Kontinuität das Schöpfertum Gottes seiner schlechthinnigen Freiheit und Einmaligkeit. Gerade dies, dass wir das Tun Gottes nicht vorwegnehmen können, ist hier nicht respektiert. Der Begriff der *creatio continua* ignoriert aber auch die Realität der gefallenen Welt, die nicht die immer neu geschaffene, sondern die *erhaltene Schöpfung* ist. Dass Gott die geschaffene Welt erhält, ist das Urteil, das den gegenwärtigen Augenblick in seiner Wirklichkeit von Gott hinnimmt; es bedeutet, dass die „einmal“ dem Nichts entrissene Welt in ihrem Sein erhalten wird; das aus dem Nichts durch das Wort Geschaffene, zum Sein Hervorgerufene, bleibt durch den Blick Gottes gebannt, es versinkt nicht im Augenblick des Werdens wieder, sondern Gott sieht es an, sieht, dass es gut ist, und sein auf dem Werk ruhender Blick erhält das Werk im Sein. Erhalten ist die Welt also allein durch den, der ihr Schöpfer ist, und allein für den, der der Schöpfer ist; nicht um ihrer selbst willen, sondern um des Blickes Gottes willen. Aber noch ist das erhaltene Werk das gute Werk Gottes.

Schöpfung heißt dem Nichtsein entreißen, *Erhaltung* heißt das Sein bejahen. *Schöpfung* ist wirklicher *Anfang*, immer „vor“ meiner Erkenntnis und *vor* der *Erhaltung*. Schöpfung und Erhaltung sind hier noch eines, sie sind bezogen auf denselben Gegenstand, auf das ursprünglich gute Werk Gottes. Erhaltung ist immer *in Bezug auf* die Schöpfung, und Schöpfung ist in sich selbst. Aber etwas anderes ist die Erhaltung der ursprünglichen und die Erhaltung der gefallenen Schöpfung.

Der Tag (1,4b-5)

„Und Gott schied das Licht von der Finsternis und nannte das Licht Tag und die Finsternis Nacht. So ward aus Abend und Morgen der erste Tag.“

Das erste vollendete Werk Gottes ist der Tag. Gott schafft am Anfang den Tag. Der Tag trägt alles andere, im Wechsel des Tages lebt die Welt. Der Tag hat eigenes Sein, eigene Gestalt, eigene Macht. Er ist nicht der physikalisch verständliche Umlauf der Erde um die Sonne, der berechenbare Wechsel von Dunkel und Licht, er ist über all das hinaus etwas, das das

Wesen der Welt und unserer Existenz bestimmt. Er ist – fast möchte man sagen, wenn es nicht so schlecht hierher passte – das, was wir eine mythologische Größe nennen. Die Tages- und die Nachtgötter, die nach heidnischem Glauben die Welt beseelen und erfüllen, sind hier zwar gänzlich entthront, aber dennoch bleibt der Tag das erste Geschöpf Gottes, das Wunderbare und Mächtige in der Hand Gottes. Uns ist der Tag in seiner Geschöpflichkeit und Wunderbarkeit ganz versunken. Wir haben uns seiner Macht entzogen. Wir lassen uns durch ihn nicht mehr bestimmen. Wir berechnen und verrechnen ihn, wir lassen ihn uns nicht schenken, wir leben ihn nicht. Heute weniger denn je, die Technik ist der Kriegszug gegen den Tag. Auch die Bibel redet von ihm schon so, wie wir – rechenhaft – von ihm reden. Aber sie weiß eben auch noch, dass der Tag nicht dieser rechenhafte Tag des Erdumlaufes ist, sondern dass er der große Rhythmus, die natürliche Dialektik der Schöpfung ist. Dass das Ungestalte am Morgen zur Gestalt wird und des Abends ins Gestaltlose zurücksinkt, dass das helle Gegenüber des Lichtes sich auflöst zur Einheit im Dunkel, dass der lebendige Lärm im Schweigen der Nacht verstummt, dass dem gespannten Wachen im Licht der Schlaf folgt, dass es Zeiten (die über den physikalischen Tag weit hinausgehen) des Wachens und des Schlummerns in der Natur, in der Geschichte, in den Völkern gibt – das alles ist es, was die Bibel meint, wenn sie von der Schöpfung des Tages redet, von dem menschenlosen Tag, der alles, auch das Menschenlos, trägt. Der Rhythmus, der Ruhe und Bewegung in einem ist, der schenkt und nimmt und wieder schenkt und wieder nimmt, der so der ewige Hinweis auf Gottes Schenken und Nehmen ist, auf Gottes Freiheit jenseits von Ruhe und Bewegung – das ist der Tag. Wenn die Bibel von sechs Schöpfungstagen spricht, so mag sie wohl an den Tag von Morgen und Abend gedacht haben, aber sie hat eben auch diesen Tag nicht rechenhaft gemeint, sondern sie hat ihn gedacht als die

Macht des Tages, die den physikalischen Tag erst zu dem macht, was er ist, als die natürliche Dialektik der Schöpfung.

Das physikalische Problem steht hier überhaupt nicht zur Diskussion, wo von „Tag" geredet wird. Es tut dem biblischen Denken keinen Eintrag, ob die Schöpfung in Rhythmen von Jahrmillionen oder in einzelnen Tagen geschehen ist, wir haben keinen Anlass, das Letztere zu beteuern noch das Erstere zu bezweifeln. Aber die Frage als solche geht uns nichts an. Dass der biblische Autor, sofern sein Wort Menschenwort ist, seiner Zeit, seiner Erkenntnis, seinen Grenzen verfallen ist, wird ebenso wenig bestritten, wie dass durch dieses Wort nur Gott selbst von seiner Schöpfung zu uns redet. Die Tagewerke Gottes sind die Rhythmen, in denen die Schöpfung ruht.

Das Starre (1,6-10.14-19)

V. 6-10. „Und Gott sprach: Es werde eine Feste inmitten der Wasser und bilde eine Scheidewand zwischen den verschiedenen Wassern. Und es ward so. Und Gott machte die Feste als eine Scheidewand zwischen den Wassern unterhalb der Feste und den Wassern oberhalb der Feste. Und Gott nannte die Feste Himmel. So ward aus Abend und Morgen der zweite Tag. Und Gott sprach: Es sammle sich das Wasser unterhalb des Himmels an einen Ort, dass man das Trockene sehe. Und es ward so. Und Gott nannte das Trockene Erde, die Sammlung des Wassers aber nannte er Meer. Und Gott sah, dass es gut war."

Hier sind wir ganz im alten wissenschaftlich naiven Weltbild. Die Vorstellungen erscheinen uns Heutigen geradezu absurd. Wenn auch angesichts der rapiden Wandlungen in unserer eigenen Naturerkenntnis allzu selbstsicherer Spott nicht gerade geraten ist, so stellt sich eben doch unzweifelhaft an dieser Stelle der biblische Autor mit seiner ganz zeitbegrenzten Erkenntnis bloß. So, wie er sagt, ist Himmel und Meer jedenfalls nicht entstanden; wir kämen keinesfalls um ein sehr böses Gewissen herum, wollten wir uns auf derartige Behauptungen festlegen lassen. Es geht nicht mit der Verbalinspiration. Es geht hier beim Schreiber des ersten Genesiskapitels sehr menschlich zu.

Es wäre also angesichts dieser Sachlage zu diesem Abschnitt anscheinend sehr wenig zu sagen. Und doch geschieht an diesem nächsten Schöpfungstage etwas ganz Neues. Es entsteht die Welt des Starren, des Festen, das Unveränderliche, Unlebendige. Das ist das Eigentümliche, dass gerade die Werke der Schöpfung, die uns am fernsten, am fremdesten sind in ihrer Starre, Unwandelbarkeit, Ruhe, am Anfang geschaffen werden. In völliger Unbetroffenheit vom menschlichen Leben steht das Starre in gleicher Ruhe vor Gott. Ein ewiges Gesetz bindet es. Dies Gesetz ist nichts anderes als der Befehl des Wortes Gottes selbst.

Zur Feste des Himmels gehört auch die Welt der Gestirne. Darum nehmen wir hier voraus:

V. 14-19. „Und Gott sprach: Es werden Lichter an der Feste des Himmels, die da scheiden Tag und Nacht und geben Zeichen, Zeiten, Tage und Jahre und seien Lichter an der Feste des Himmels, dass sie scheinen auf Erden. Und es ward so. Und Gott machte zwei große Lichter: ein großes Licht, das den Tag regiere, und ein kleines Licht, das die Nacht regiere, dazu auch die Sterne. Und Gott setzte sie an die Feste des Himmels, dass sie schienen auf die Erde und den Tag und die Nacht regierten und schieden Licht und Finsternis. Und Gott sah, dass es gut war. Da ward aus Abend und Morgen der vierte Tag."

Am Firmament entstehen Tage, Jahre und Zeiten in völliger Gesetzmäßigkeit, Unveränderlichkeit. Hier herrscht die Zahl und ihr unbeugsames Gesetz. Was hat es mit unserem Dasein zu schaffen? Nichts – die Gestirne gehen ihren Weg, ob der Mensch in Leid, in Schuld oder in Seligkeit ist. Und in ihrer Starrheit loben sie den Schöpfer. Die Gestirne schauen auch nicht auf den Menschen, sie klagen nicht an und sie trösten nicht. Sie sind ganz sie selbst in unnahbarer Ferne. Sie leuchten Tag und Nacht, aber sie tun es teilnahmslos. Die Gestirne nehmen am menschlichen Dasein keinen Teil. Aber der Mensch nimmt teil an der Welt des Starren. Denn er kennt die Zahl. Den Menschen in der Mitte ist das Wissen um die Zahl erhalten, um das Unveränderliche, Starre, von seinem Fall scheinbar Unbetroffene. Es ist die eigentümliche Erkenntnis des Menschen, dass je höher er in die Welt der Zahl hinaufsteigt, umso reiner die Luft um ihn herum wird; aber auch umso enger und dünner, sodass er in dieser Welt nicht leben kann. Es ist die große Versuchung für den Menschen, der zählen kann, sich in der Welt des Starren Trost holen zu wollen, sich in die von seiner Existenz unbetroffene Welt zu flüchten, ohne zu erkennen, dass eben diese Welt vor der Welt des Menschen da war und am Menschenleben keinen Teil nimmt. Warum nicht? Weil der Mensch zwar um die Zahl und ihr Gesetz weiß, weil er aber nicht mehr weiß, dass auch die Zahl, die Tage, Jahre, Zeiten bestimmt, nicht in sich selbst ruht, sondern dass auch sie gehalten ist allein durch Gottes Wort und Geheiß. Die Zahl ist nicht die Wahrheit Gottes selbst. Sondern sie ist sein Geschöpf wie alles andere auch, das seine Wahrheit ganz vom Schöpfer her erhält; wir haben diesen Zusammenhang vergessen; haben wir die Zahl, so meinen wir die Wahrheit, die Ewigkeit zu haben. Der Hinweis auf diesen Verlust ist uns darin erhalten, dass auch die Mathematik in der letzten Frage über die Paradoxie nicht hinauskommt. Das Ende des gottlosen Zahlenwissens ist die Paradoxie, der Widerspruch. So für uns, die wir in der Mitte von dem Anfang der Welt hören, die in der Mitte um das Starre, um die Zahl nicht anders als so wissen, denen sich aber eben hierin die Welt des Starren in ihrem Wesen aufs Neue erschließt. Weil wir die Zahl nicht mehr in ihrer Ursprünglichkeit verstehen, darum verstehen wir die Sprache der Welt des Starren nicht mehr. Was wir vernehmen, ist die gottlose Sprache, die wir selbst reden, die Sprache vom in sich selbst ruhenden ewigen Gesetz der Welt, das vom Schöpfer schweigt und von dem Ruhm des Geschöpfes redet. Aber indem wir von dem Schöpfer, der am Anfang die Welt schuf, hören, wissen wir um den verlorenen Zusammenhang und glauben an Gott als den Schöpfer, ohne zu begreifen, in welcher Weise Er die Welt des Starren regiert, ohne die Welt des Starren, die Welt der Zahl, in ihrer eigentlichen Geschöpflichkeit zu sehen. Also wir sehen auch die Welt des Starren, Unveränderlichen nicht in ihrer ursprünglichen Geschöpflichkeit – das Gesetz ist autonom geworden –, sondern wir glauben an Gott als ihren Schöpfer. Die Entwicklung, die das Gestaltlose in der Gestalt des Starren erfährt, bricht und steigert seine Gewalt zugleich. Das Sein in der Form begrenzt die Urgewalt des Ungeformten, aber dies eigene Sein in der Form bedeutet zugleich den immer vollendeter, mächtiger werdenden Lobpreis des Schöpfers, der sich aus dem eigenen Sein des Starren Anbetung schafft, aber es lässt auch den Gedanken zu, dass dort, wo die Welt einmal vom Ursprung, vom Schöpfer losgerissen ist, das eigene Sein des Starren, des Gesetzes, der Zahl sich auf sich selbst beruft und seine Gewalt dem Schöpfer entreißt. Für uns, die wir in der Mitte von diesem Anfang des Starren, des Gesetzes, der Zahl hören, ist die andere Erkenntnis mitgegeben, dass dieses Starre jetzt, in diesem Äon, sich in seinem eigenen Sein gegen Gott rühmt und seine Gewalt dem Schöpfer entreißt – durch unsere Schuld, durch unseren Verlust des Anfangs. Eben darum sehen wir in der Welt des Starren nicht mehr den Schöpfer, sondern wir glauben ihn. Wir sehen das Gesetz, die Zahl, aber in ihrer Gottlosigkeit und wir glauben an Gott jenseits dieser geschaffenen Welt.

Es bleibt noch die alte rationalistische Frage nach der Erschaffung des Lichtes am ersten Tag und der Sonne am vierten Tag. Herder hat schön davon geredet, wie der biblische Autor an einen Morgenanbruch gedacht habe, an dem das Licht vor der Sonne hervorbräche. Mag sein, er hat recht damit. Aber es ist jedenfalls noch das hinzuzufügen, dass doch das Licht erst die Sonne zu dem macht, was sie ist, und nicht die Sonne das Licht. Die physikalische Erklärung der Entstehung des Lichtes ist doch nicht mehr als ein Aufweis der Kette der Erscheinungen, deren Ende das Phänomen „Licht" ist. Damit ist doch aber die Tatsächlichkeit von Licht nicht erklärt. Vielmehr, das Licht macht die Sonne zur Sonne, weil Licht sein soll, darum leuchtet die Sonne. Dass wir ungebundenes Licht nicht denken können, hebt diesen Zusammenhang doch in keiner Weise auf. Das ungebundene Licht der Schöpfung, das Licht, das gestaltlos über der gestaltlosen Finsternis liegt, wird gebunden zur Gestalt, zum Gesetz, zum Starren, zur Zahl, aber es bleibt in Gott, Gottes Schöpfung und wird nie selbst zur rechenhaften Zahl.

Das Lebendige (1,11-13.20-25)

„Und Gott sprach: Es lasse die Erde aufgehen Gras und Kraut, das sich besame, und fruchtbare Bäume, da ein jeglicher nach seiner Art Frucht trage auf Erden und habe seinen eigenen Samen bei sich selbst. Und so ward es. Und die Erde ließ aufgehen Gras und Kraut, das sich besamte, ein jegliches nach seiner Art, und Bäume, die da Frucht trugen und ihren eigenen Samen bei sich selbst hatten, ein jeglicher nach seiner Art. Und Gott sah, dass es gut war. Da ward aus Abend und Morgen der dritte Tag."

„Und Gott sprach: Es wimmle das Wasser von einem Gewimmel lebender Wesen, und Vögel sollen über die Erde hinfliegen an der Feste des Himmels. Und Gott schuf die großen Seetiere und alle die lebenden Wesen, die sich herumtummeln, von denen das Wasser wimmelt, ein jegliches nach seiner Art, dazu allerlei gefiedertes Gevögel, ein jegliches nach seiner Art. Und Gott sah, dass es gut war. Und Gott segnete sie und sprach: Seid fruchtbar und mehret euch und erfüllet das Wasser im Meer, und auch die Vögel sollen sich mehren auf Erden. Da ward aus Abend und Morgen der fünfte Tag. Und Gott sprach: Die Erde bringe hervor lebendige Tiere, ein jegliches nach seiner Art. Und es ward so. Und Gott machte die wilden Tiere, ein jegliches nach seiner Art, und das Vieh nach seiner Art, und allerlei Gewürm auf Erden nach seiner Art. Und Gott sah, dass es gut war."

Wie ein Sturzbach von der Höhe dem Tal entgegen, so geht die Schöpfung von oben herunter auf das letzte Werk zu: erst das Gestaltlose, dann die Gestalt im Rhythmus, dann die zweite Gestalt im Gesetz, in der Zahl; die Schöpfung kommt immer mehr zu ihrem eigenen Sein, immer klarer hebt sie sich von der Gestalt des Schöpfers ab, und immer jubelnder verkündet sie seine Nähe. Aber das eigene Sein des bisher Geschaffenen ist tot. Es preist nicht den Schöpfer durch die Weiterführung seines Werkes, sondern allein durch sich selbst. Und nun geschieht das ganz Neue, ohne jede Kontinuität mit dem Vorangegangenen. Der Schöpfer will, dass seine Schöpfung sein Werk selbst gehorsam bejahe und weiterführe, er will, dass das Geschaffene lebe und wieder Leben schaffe. Das Lebendige unterscheidet sich vom Toten dadurch, dass es selbst Leben schaffen kann. Das, was Gott zum Herrn macht, nämlich, dass er schaffen kann, das gibt er seinem Werk, er ruft es zum Leben. Und dass er es tut und dass nun das Lebendige in seinem eigenen Schaffen ihm gehört, in seinem Gehorsam lebt, das ist die neue Weise, in der der Schöpfer sich in seinem Werk verherrlicht. Er will nicht Herr sein einer toten, ihm unterworfenen, ewig unveränderlichen Welt, sondern er will Herr sein des unendlich gestaltigen Lebens. So bricht auf sein Wort aus dem toten Gestein, aus der unfruchtbaren Erde das Lebendige, Fruchtbare heraus. Es ist kein Entwicklungsvorgang vom Tod zum Leben, sondern es ist Gottes Befehl, der aus dem Toten das Lebendige schafft, der aus diesen Steinen dem Abraham Kinder erwecken kann, der Christus aus der toten Erde auferstehen heißt. Die Erde wird zur Mutter des Lebendigen, aus ihrem toten Dunkel soll von nun an das Leben hervorbrechen, es entsteht die Welt der Pflanzen, mit Samen und Früchten, d. h. es entsteht das Leben, dessen eigenes Sein es ist, wieder Leben zu schaffen: Pflanzen mit Samen nach ihrer Art, d.h. in der vollen Mannigfaltigkeit des Lebendigen. Nicht nur die Erde, sondern das unlebendige Meer und der starre Himmel werden belebt von lebendigen Wesen, die sich regen. Während die Pflanze am Boden haftet, regt sich das Tier, es beherrscht den Boden, es ist frei, über ihm sich zu bewegen, es ist nicht an ihn gebunden. Fische und Vögel nach ihrer Art, und Vieh und Gewürm und wilde Tiere nach ihrer Art mit ihrem Samen, in ihrer Fruchtbarkeit. Es ist nicht des Schöpfers eigene Natur, die er hier in das Lebendige und Lebenschaffende hineingibt, das Lebendige und Schöpferische ist nicht das Göttliche, sondern es ist und bleibt das Kreatürliche, das Geschaffene, das vom Schöpfer getrennte Werk, über das der Schöpfer frei verfügt, aber in der Lebendigkeit des Werdens will der Herr in seinem Gegenüber sein eigenes Tun anschauen, er will sich in seinem Schaffen selbst sehen und sein Werk soll ihn ehren. Man könnte meinen, nun habe Gott das Werk der Erhaltung seiner Kreatur selbst abgegeben, die Welt, die Natur sorge für sich selbst, die Starrheit des Gesetzes und die Fruchtbarkeit des Lebendigen zusammen seien die Kräfte der Erhaltung der Welt. Die Uhr ist aufgezogen, sie läuft nun von selbst. Aber das gerade weiß die Bibel, dass in der geschaffenen Welt nichts „von selbst" läuft. Das Gesetz und das lebenschaffende Leben sind als Gottes Werk aus dem Nichts geschaffen und stehen allein im Nichts, allein in der Freiheit des Wortes Gottes. Zieht Gott sein Wort von seinem Werk, so sinkt es zurück ins Nichts. Also die Gesetzlichkeit des Weltablaufes, die Lebendigkeit des Geschaffenen ist mit dem erhaltenden Tun Gottes nicht zu identifizieren, vielmehr ist auch das Gesetz und das Leben erhalten allein durch das freie Wort Gottes. Nicht das Gesetz und das Leben ist das Anbetungswürdige, es ist Kreatur wie alles andere, sondern der Herr des Gesetzes und der Herr des Lebendigen.

Wenn es immer wieder heißt, und auch unser Abschnitt wieder schließt mit den Worten: „Und Gott sah, dass es gut war", so heißt das für uns ein Doppeltes: Gottes Werk ist als unverletzte Gestalt des Willens Gottes gut. Aber „gut", so wie Geschöpfliches allein gut sein kann, nämlich indem der Schöpfer es ansieht, sich zu ihm bekennt und von ihm sagt: „Es ist gut." Dass Gott sein Werk ansieht, das allein macht das Werk gut; d. h. aber eigentlich, das Werk ist gut, nur weil der Schöpfer allein gut ist. Das Werk hat sein Gutsein nie in sich selbst, sondern allein im Schöpfer. Das Gutsein des Werkes besteht genau darin, dass es ganz streng von sich weg weist und hinweist allein auf den Schöpfer und auf sein Wort, das gut ist, also dass „keiner gut ist, denn der alleinige Gott"; in dem Sinne dieses Wortes Jesu ist die erste Schöpfung „gut". Wenn keiner gut ist als der alleinige Gott, so wird Gott allein die Ehre gegeben, und eben darin besteht das Gutsein – nun aber das wirkliche Gutsein – der Kreatur, dass sie den Schöpfer als den alleinigen Herrn gut sein lässt, von seinem Wort allein ihr Gutsein empfängt und dieses Wort als das alleinige Gute weiß. Es ist dasselbe in anderen Worten, wenn man sagt, dass das eigene Sein des Geschöpfes, eben sein Geschöpfsein, ganz in dem Sein Gottes aufgehoben, ihm völlig gehorsam ist. Das Sein des Gestaltlosen, des zum Rhythmus Gestalteten, das Starre, das Lebendige als die immer intensivere Steigerung des eigenen Seins ist doch immer ganz Geschaffensein, d. h. Gehorsamsein und weiß um sein eigenes Sein nie anders als im Blick auf das Wort Gottes, auf die Freiheit seiner Schöpfung und Erhaltung.

Das Bild Gottes auf Erden (1,26f)

> *„Und Gott sprach: Lasset uns Menschen machen nach unserem Bilde, uns ähnlich und sie sollen herrschen über die Fische im Meer und über die Vögel im Himmel und über das Vieh und über alle wilden Tiere und über alles Gewürm, das auf der Erde umherkriecht. Und Gott schuf den Menschen nach seinem Bilde – nach dem Bilde Gottes schuf er ihn; als Mann und Weib schuf er sie."*

Gott liebt sein Werk, er liebt es in seinem eigenen Sein, denn das Geschöpf ehrt den Schöpfer. Aber noch erkennt sich nicht Gott selbst in seinem Werk, er sieht sein Werk, aber er sieht sich nicht selbst. Sich-selbst-sehen heißt gleichsam im Spiegel das eigene Antlitz erkennen, sich in einem Ebenbilde sehen. Aber freilich, wie soll das zugehen? Er, der doch ganz der Schöpfer bleibt, dem sein Werk zu Füßen liegt, wie soll er in diesem Werk sich selbst finden können? Das Werk ist dem Schöpfer nicht ähnlich, es ist nicht sein Ebenbild, sondern es ist die Gestalt seines Befehls; gerade das ist das Entscheidende, dass das Werk in demselben Augenblick, in dem der Schaffende es hervorgebracht hat, schon von dem Schaffenden losgerissen, ihm fremd, nicht mehr er selbst ist. Das Werk auch in seiner Lebendigkeit ist tot, weil es geschaffenes, bedingtes ist, weil es aus der Freiheit kommt, aber selbst nicht in der Freiheit, sondern in der Bedingtheit ist. Nur das Freie selbst wäre nicht tot, wäre nicht fremd, nicht losgerissen als Geschaffenes. Nur im Freien selbst könnte der Freie, der Schaffende, sich sehen. Aber wie kann das Geschaffene das Freie sein? Das Geschaffene ist das Gesetzte, im Gesetz Gebundene, Bedingte, nicht Freie.

Will der Schöpfer sein eigenes Bild schaffen, so muss er es in Freiheit schaffen. Und erst dies Bild in Freiheit würde ihn ganz preisen, würde die Ehre seines Schöpfertums ganz verkündigen. Und jetzt geht es um uns. Es geht um die Erschaffung des Menschen. Die Bibel bringt das schlechthin von allem vorhergegangenen Schöpfungstun Gottes Unterschiedene zum Ausdruck durch die Art, in der sie dies Werk einleitet. Der Plural im Hebräischen ist hier die Bezeichnung der Bedeutsamkeit und der Hoheit des Tuns des Schöpfers. Aber auch dies ist zu beachten, dass Gott nicht den Menschen einfach aus dem Nichtsein hervorruft, wie er alles andere hervorgerufen hat, sondern dass wir gleichsam in das Planen Gottes mit hineingezogen werden und hierdurch darauf aufmerksam werden, dass etwas Neues, noch nicht Dagewesenes, ganz Eigentümliches im Anzug ist.

„Und Gott sprach: Lasset uns Menschen machen, nach unserm Bilde, uns ähnlich.“

Der Mensch soll aus Gott hervorgehen, als das Letzte, als das Neue, als das Bild Gottes in seinem Werk. Hier ist kein Übergang von irgendwoher, hier ist Neuschöpfung. Das hat mit Darwin gar nichts zu tun. Der Mensch bleibt – unabhängig hiervon – das neue, freie, unbedingte Werk Gottes. Es liegt uns gar nichts daran, den Zusammenhang des Menschen mit der tierischen Welt zu verleugnen, im Gegenteil; aber es liegt uns alles daran, das eigentümliche Verhältnis von Mensch und Gott darüber nicht zu verlieren. Der hoffnungslose Versuch, hier, wo es um Ursprung und Wesen des Menschen geht, mit einem gigantischen Sprung in die Welt des verlorenen Anfangs zurückzugelangen, hier selbst wissen zu wollen, was der urständliche Mensch gewesen sei, hier das eigene Ideal des Menschen mit der Schöpfungswirklichkeit Gottes in eins zu setzen, hier zu verkennen, dass wir allein von Christus her um den anfänglichen Menschen wissen können, dieser ebenso hoffnungslose wie begreifliche Versuch hat die Kirche immer wieder an dieser gefährlichen Stelle der freien Spekulation ausgeliefert. Nur in der Mitte, als die von Christus her Lebenden, wissen wir um den Anfang.

Dass Gott im Menschen sein Bild auf Erden schafft, heißt, dass der Mensch dem Schöpfer darin ähnlich ist, dass er frei ist. Freilich, er ist frei allein eben durch die Schöpfung Gottes, durch das Wort Gottes, er ist frei für den Lobpreis des Schöpfers. Denn Freiheit ist in der Sprache der Bibel nicht etwas, das der Mensch für sich hat, sondern etwas, das er für den anderen hat. Kein Mensch ist frei „an sich", d.h. gleichsam im luftleeren Raum, so wie er musikalisch, klug oder blind an sich ist. Freiheit ist keine Qualität des Menschen, keine noch so tief irgendwie in ihm aufzudeckende Fähigkeit, Anlage, Wesensart. Wer den Menschen auf Freiheit hin durchforscht, findet nichts von ihr. Warum? Weil Freiheit nicht eine Qualität ist, die aufgedeckt werden könnte, kein Besitz, kein Vorhandenes, Gegenständliches, auch keine Form für Vorhandenes, sondern weil Freiheit eine Beziehung ist und sonst nichts. Und zwar eine Beziehung zwischen zweien. Freisein heißt, „frei-sein-für-den-anderen", weil der andere mich an sich gebunden hat. Nur in der Beziehung auf den anderen bin ich frei. Kein substanzieller, kein individualistischer Freiheitsbegriff vermag Freiheit zu denken. Freiheit ist das, worüber ich schlechthin nicht wie über eine Eigenschaft verfügen kann, es ist das einfach Geschehende, sich Ereignende, durch den anderen an mir Geschehende. Fragen wir, woher wir dies wissen, ob dies nicht gerade wieder die aus dem Sein in der Mitte herausfallende Spekulation über den Anfang ist, so antworten wir: Das ist die Botschaft des Evangeliums selbst, dass Gottes Freiheit sich an uns gebunden hat, dass seine freie Gnade allein an uns wirklich wird, dass Gott nicht für sich frei sein will, sondern für den Menschen. Weil Gott in Christus frei ist für den Menschen, weil er seine Freiheit nicht für sich behält, darum gibt es für uns ein Denken der Freiheit nur als des „Freiseins für …". Dass Gott frei ist, heißt für uns in der Mitte durch Christus Existierende und um unser Menschsein in seiner Auferstehung Wissende nichts, als dass wir frei sind für Gott. Darin bewährt sich die Freiheit des Schöpfers, dass er uns frei sein lässt für ihn, d. h. aber nichts anderes, als dass er sein Bild auf Erden schafft. Die Paradoxie der geschaffenen Freiheit bleibt unbehoben. Ja, sie bedarf sogar noch der schärfsten Zuspitzung. Geschaffene Freiheit heißt hier nun – und das ist das über alles bisherige Tun Gottes Hinausgehende, das Einmalige *κατ' ἐξοχήν* [*kat' exochēn*][22] –, dass Gott selbst in sein Geschaffenes eingeht. Jetzt befiehlt er nicht nur, und sein Wort geschieht, sondern jetzt geht er selbst in das Geschaffene ein und schafft sow Freiheit. Darin unterscheidet sich der Mensch von der anderen Kreatur, dass Gott selbst in ihm ist, dass er Ebenbild Gottes ist, in dem der freie Schöpfer sich selbst anschaut; das meinten die alten Dogmatiker, wenn sie von der Einwohnung der Trinität in Adam sprachen. In dem freien Geschöpf betet der Heilige Geist den Schöpfer an, an der geschaffenen Freiheit preist die ungeschaffene Freiheit sich selbst. Das Geschöpf liebt den Schöpfer, weil der Schöpfer das Geschöpf liebt. Geschaffene Freiheit ist Freiheit im Heiligen Geist, aber als geschaffene Freiheit ist sie Freiheit des Menschen selbst. Wie drückt sich dieses Geschaffensein

22 „Schlechthin", „in herausragender Weise" (Anm. d. Hg.).

des freien Menschen aus? Worin unterscheidet sich die Freiheit des Schöpfers von der Freiheit des Geschaffenen, wie ist das Geschaffene frei? Darin, dass das Geschaffene bezogen ist auf das andere Geschaffene, der Mensch frei ist für den Menschen. Und er schuf sie als einen Mann und ein Weib. Der Mensch ist nicht allein, er ist in Zweiheit, und in diesem Angewiesensein auf den anderen besteht seine Geschöpflichkeit. Die Geschöpflichkeit des Menschen ist ebensowenig wie seine Freiheit eine Qualität, ein Vorfindliches, ein Seiendes, es ist schlechterdings nicht anders zu bestimmen als in dem Gegenüber-miteinander-aufeinander-Angewiesensein der Menschen. Das „Bild, das Gott ähnlich sei", ist mithin keine *analogia entis,* bei der der Mensch in seinem An-und-für-sich-Sein, in seinem Sein, dem Sein Gottes ähnlich wäre. Eine solche *analogia* zwischen Mensch und Gott gibt es schon darum nicht, weil Gott, der allein An-und-für-sich-Seiende in seiner Aseität[23], doch zugleich als der für sein Geschöpf Seiende, seine Freiheit an den Menschen bindende, sich gebende, nicht allein Seiende gedacht werden muss, sofern er der Gott ist, der in Christus sein „Für-den-Menschen-Sein" bezeugt. Die Ähnlichkeit, die *analogia* des Menschen zu Gott ist nicht *analogia entis*, sondern *analogia relationis*[24]. Das besagt aber:

1. Auch die *relatio* ist nicht eine dem Menschen eigene Fähigkeit, Möglichkeit, eine Struktur seines Seins, sondern sie ist

23 „Von-sich-selbst-sein", also sein Sein nicht empfangen zu haben (Anm. d. Hg.).

24 Mit *analogia entis* („Ähnlichkeit des Seins") bezeichnet Thomas von Aquin die Analogie der geschaffenen Dinge zum vollkommenen, göttlichen Sein, der Mensch ist dann in Seins-Analogie zu Gott „Gottes Ebenbild". Demgegenüber bezeichnete Karl Barth mit der *„Analogia relationis"* eine Entsprechung zu Gott auf der Beziehungsebene, d. h. nach dem Vorbild der Beziehung Gottes zur Welt wird die Beziehung des Menschen zu sich und der Welt begründet. In diesem Sinn kann z.B. die Ehebeziehung als Analogie zur Beziehung zu Gott verstanden werden (Anm. d. Hg.).

geschenkte, gesetzte Beziehung, *justitia passiva!*[25] Und in dieser gesetzten Beziehung ist die Freiheit gesetzt. Daraus folgt

2., dass diese *analogia* nicht so verstanden werden darf, als habe der Mensch diese Ähnlichkeit nun irgendwie in seinem Besitz, in seiner Verfügbarkeit, sondern *analogia*, Ähnlichkeit, ist ganz streng so zu verstehen, dass das Ähnliche seine Ähnlichkeit, *allein* von dem Urbild hat, uns also immer nur auf das Urbild selbst hinweist und *allein* in diesem Hinweis „ähnlich" ist.

Analogia relationis ist darum die von Gott selbst gesetzte Beziehung und nur in dieser von Gott gesetzten Beziehung *analogia*. Beziehung von Geschöpf zu Geschöpf ist gottgesetzte Beziehung, weil sie in Freiheit besteht und Freiheit von Gott her ist.

Der Mensch in der Zweiheit, Mann und Weib, in seiner Gottebenbildlichkeit ist hineingeschaffen in die Welt des Starren und des Lebendigen und wie seine Freiheit gegenüber dem Menschen darin bestand, frei *für* ihn zu sein, so ist seine Freiheit gegenüber der anderen geschaffenen Welt, frei *von* ihr zu sein; d.h., er ist ihr Herr, er kann über sie verfügen, er herrscht über sie. Und eben hierin besteht die andere Seite seiner geschaffenen Gottebenbildlichkeit. Der Mensch soll herrschen, herrschen freilich als über die Schöpfung Gottes und herrschen als ein solcher, der von Gott den Auftrag und die Kraft des Herrschens empfängt. Das Freisein von der Kreatur ist nicht etwa das ideelle Freisein des Geistes von der Natur, sondern dieses Freisein des Herrschens schließt gerade die Bindung an die beherrschte Kreatur ein. Der Acker und das Tier, dessen Herr ich bin, ist die Welt, in der ich lebe, ohne die ich nicht bin. Es ist meine Welt, meine Erde, über die ich herrsche, frei von ihr bin ich nicht in dem Sinne, dass mein eigentliches Wesen, mein Geist, ihrer, der

25 „Passive Gerechtigkeit" (Anm. d. Hg.).

dem Geist fremden Natur nicht bedürfe; vielmehr in meinem ganzen Sein, in meiner Geschöpflichkeit gehöre ich ganz zu dieser Welt, sie trägt mich, nährt mich, hält mich. Aber meine Freiheit von ihr besteht darin, dass mir diese Welt, an die ich gebunden bin wie ein Herr an seinen Knecht, wie der Landmann an seinen Boden, unterworfen ist, dass ich über sie, die meine Erde ist und bleibt, *herrschen* soll, und sie umso mehr *meine* Erde ist, je stärker ich sie beherrsche. Es ist die durch nichts als durch Gottes Wort dem Menschen verliehene Autorität, die ihn der anderen Kreatur so eigentümlich verbindet und gegenüberstellt. Das wird uns gesagt, die wir in der Mitte von all dem nichts mehr wissen, denen dies alles frommer Mythos oder verlorene Welt ist. Auch wir meinen zu herrschen, aber es gilt hier wie in der Walpurgisnacht: Man glaubt zu schieben und man wird geschoben. Wir herrschen nicht, sondern wir werden beherrscht, das Ding, die Welt, beherrscht den Menschen, der Mensch ist Gefangener, Sklave der Welt, seine Herrschaft ist Illusion; die Technik ist die Macht, mit der die Erde nach dem Menschen greift und ihn bezwingt. Und weil wir nicht mehr herrschen, darum verlieren wir den Boden, darum ist die Erde nicht mehr *unsere* Erde, darum werden wir erdfremd. Wir herrschen aber darum nicht, weil wir die Welt nicht als Gottes Schöpfung kennen und weil wir unsere Herrschaft nicht von Gott her empfangen, sondern selbst an uns reißen. Es gibt kein „Frei-sein-von" ohne das „Frei-sein-für", es gibt kein Herrschen ohne den Dienst an Gott, mit dem einen verliert der Mensch notwendig auch das andere. Ohne Gott, ohne den Bruder verliert der Mensch die Erde. In der sentimentalen Scheu vor der Herrschaft über die Erde aber hat der Mensch immer schon Gott und den Bruder verloren. Gott, Bruder, Erde gehören zusammen. Es gibt aber für den, der die Erde einmal verloren hat, es gibt für uns Menschen in der Mitte keinen Weg zur Erde zurück als den Weg zu Gott und zum Bruder.

Der Weg des Menschen zur Erde ist ja vom Ursprung her nur möglich als der Weg Gottes zum Menschen. Nur wo Gott und der Bruder zum Menschen kommen, kann der Mensch zur Erde zurückfinden. Das Freisein des Menschen für Gott und den anderen Menschen und das Freisein des Menschen von der Kreatur in seiner Herrschaft über sie ist die Ebenbildlichkeit des ersten Menschen.

Segen und Vollendung (1,28-31; 2,1-4a)

V. 28-31. „Und Gott segnete sie und sprach zu ihnen: Seid fruchtbar und mehret euch und füllet die Erde und machet sie euch untertan und herrschet über die Fische im Meer und über die Vögel unter dem Himmel und über alles Getier, das auf Erden kriecht. Und Gott sprach: Sehet da, ich gebe euch allerlei Kraut, das sich besamt, auf der ganzen Erde und allerlei fruchtbare Bäume, die sich besamen, zu eurer Speise, und allem Getier auf Erden und allen Vögeln unter dem Himmel und allem Gewürm, das da lebt auf Erden, dass sie allerlei grünes Kraut essen. Und es ward so. Und Gott sah an alles, was er gemacht hatte; und siehe da, es war sehr gut. Da ward aus Abend und Morgen der sechste Tag."

Der Segen Gottes über den Menschen ist seine Verheißung, seine gewisse Zusage. Segen heißt Aussonderung des Gesegneten. Der Segen wird auf den Menschen gelegt und bleibt auf ihm, bis er in Fluch verwandelt wird. Segen und Fluch sind Lasten, die Gott auf den Menschen legt. Sie erben sich fort, oft unverstanden, unbegriffen. Sie sind etwas ganz Reales. Nichts Magisches, sofern damit „Zauberhaftes" gemeint ist, aber Reales. Dieser Segen – seid fruchtbar, mehret euch, herrscht, macht euch die Welt untertan – bejaht den Menschen ganz in der Welt des Lebendigen, in die er gestellt ist, es ist seine ganz empirische Existenz, die hier gesegnet wird, seine Geschöpflichkeit, seine Weltlichkeit, seine Erdhaftigkeit. Wie aber, wenn einmal gerade dieser Segen sich in Fluch verwandelt? Aber was besagt dieser Segen vorerst anderes, als dass Gott sah, dass sein Werk sehr gut war. Und es wurde aus Abend und Morgen der sechste, der letzte Tag.

Kap. 2, V. 1-3. „Und Gott vollendete am siebenten Tage sein Werk, das er gemacht hatte, und ruhte am siebenten Tag von all seinem Werk, das er gemacht hatte. Und Gott segnete den siebenten Tag und heiligte ihn darum, dass er an demselben geruht hatte von seinen Werken, die Gott schuf und machte."

Ruhe heißt in der Bibel wirklich mehr als Ausruhen. Es heißt Ruhe nach der Vollendung, es heißt Vollendung, heißt Friede Gottes, in dem die Welt liegt, heißt Verklärung, heißt den Blick ganz auf Gottes Gott-sein, auf seine Anbetung lenken. Es ist doch nie die Ruhe eines lethargischen Gottes, sondern die Ruhe des Schöpfers, es ist kein Loslassen der Welt, sondern die letzte Verherrlichung der Welt, die auf den Schöpfer blickt. Gott muss ja auch in seiner Ruhe der Schöpfer bleiben, „mein Vater wirkt bisher, und ich wirke auch".[26] Gott bleibt der Schöpfer, aber nun als der, der sein Werk vollendet hat. Gottes Ruhe verstehen wir nun so, dass es zugleich die Ruhe seiner Schöpfung ist. Seine Ruhe ist unsere Ruhe (wie seine Freiheit unsere Freiheit, sein Gutsein unser Gutsein ist). Darum heiligt Gott den Tag seiner Ruhe auch für Adam und für uns, deren Herz unruhig ist, bis es Ruhe findet in Gottes Ruhe. Uns ist diese Ruhe ganz Verheißung, die dem Volke Gottes gegeben ist. Es ist gleichermaßen glaubensloser Übermut, die Ruhe Gottes hier voreilig an sich reißen

---

26 Joh 5,17 (Anm. d. Hg.).

zu wollen in frommem Quietismus, wie über die Langeweile der paradiesischen Ruhe frech zu räsonieren und die Unruhe und den Kampf damit zu verteidigen und zu verherrlichen. Diese laute Freude an der eigenen Vitalität könnte vor dem „lebendigen" Gott sehr schnell verstummen müssen.

Es ist derselbe Tag, der im Neuen Testament der Tag der Auferstehung des Herrn ist. Tag der Ruhe, Tag des Sieges, der Herrschaft, der Vollendung, der Verklärung, Tag der Anbetung für uns, Tag der Hoffnung, des Ausblickes auf den Tag der letzten Ruhe bei Gott, auf die „Ruhe des Volkes". Alle Tage der Woche sind eigentlich nur um seinetwillen geschaffen. Du sollst den Feiertag heiligen und nicht verschlafen. Um des letzten Friedens willen, um des Tages der Auferstehung Jesu Christi, um des Tages der letzten Auferstehung und der Ruhe des Schöpfers mit seinen Geschöpfen willen ist das Werk geschaffen, sind wir geschaffen, „dass sie ruhen von ihrer Arbeit und ihre Werke folgen ihnen nach!"[27]

V. 4a. „Das ist die Geschichte von der Entstehung des Himmels und der Erde, als sie geschaffen wurden."

27 Offb 14,13 (Anm. d. Hg.).

Genesis 2

Die andere Seite (2,4b ff.)

Man ist früh darauf aufmerksam geworden, dass hier eine zweite, von der ersten ganz verschiedene, wesentlich ältere Schöpfungsgeschichte vorliegt. Wie ist das zu beurteilen? Was bedeutet das für unsere Auslegung? Es ergibt sich aus dem ersten Blick auf das Ganze der beiden Schöpfungsgeschichten, dass der erste und der zweite Bericht nur Darstellungen der einen Sache von zwei Seiten ist; ja es muss sogar gesagt werden, dass der erste ohne den zweiten, wie der zweite ohne den ersten, nicht aussagen würden, was hier zu sagen wäre (freilich dies Urteil kommt nur wieder aus der bereits als Ganzheit vernommenen und begriffenen Schrift). Der erste Bericht denkt ganz von oben her, von Gott her, und der Mensch ist hier das letzte Werk der Selbstverherrlichung Gottes. Die Welt ist für Gott, allein zu seiner Ehre geschaffen, der Mensch ist das kostbarste Gefäß, der Spiegel des Schöpfers selbst. Es ist ganz Gottes Schöpferherrlichkeit und Ehre, um derentwillen alles geschieht, die Welt bleibt trotz der Erschaffung des Menschen die Welt in der Tiefe, die fremde, ferne Welt. Demgegenüber geht es nun beim zweiten Bericht um die nahe Welt und um den nahen Herrn auf der Erde, im *Paradies* mit Adam zusammenlebend. Dort: Der-Mensch-für-Gott, hier: Gott-für-den-Menschen, dort der Schöpfer und Herr, hier der nahe, väterliche Gott; dort der Mensch als die letzte Tat Gottes, die ganze Welt vor dem Menschen erschaffen, hier gerade umgekehrt: Am Anfang der Mensch, und um den Menschen herum, um des Menschen willen, bildet Gott Tiere, Vögel, für ihn wachsen die Bäume. Hier Geschichte des Menschen – dort Tun Gottes, aber hier Geschichte des Menschen mit Gott – dort Tun Gottes mit dem Menschen, hier der nahe Gott, dort der fremde Gott, hier der Gott selbst in Menschengestalt, der Gott des kindlichen Anthropomorphismus – dort der Gott in seiner Gottheit, und doch beides nur menschliche Worte, kindliche, aber demütige Worte von demselben Gott und demselben Menschen. Darum Genesis 2: die andere – nicht willkürliche, sondern notwendige (jedenfalls wenn das Ganze einmal begriffen ist) – Seite von Genesis 1.

> *„Zur Zeit als Jahwe Gott Himmel und Erde machte – es gab aber auf Erden noch keinerlei Gesträuch auf den Fluren, und noch keinerlei Kräuter waren auf den Fluren gesprosst; denn Jahwe Gott hatte noch nicht regnen lassen auf der Erde, und Menschen waren noch nicht da, um den Boden zu bebauen; es stieg aber ein Wassersprudel von der Erde auf und tränkte das ganze Land" (V. 4b ff.).*

Das entspricht etwa dem „wüst und leer" im ersten Bericht.

Der Mensch aus Erde und Geist (2,7)

> *„Da bildete Jahwe Gott den Menschen aus Staub vom Ackerboden und blies in seine Nase Lebensodem; so wurde der Mensch ein lebendiges Wesen."*

Mit ganz anderer Deutlichkeit und Ausschließlichkeit als bisher sind wir hier auf die Erde gewiesen. Es interessiert hier zunächst gar nicht das Kosmische, sondern unsere Erde und der Mensch. Auch Gott erhält hier seinen ganz bestimmten Eigennamen, Jahwe (über dessen Bedeutung man nicht einig ist). So heißt Gott wirklich, d. h. eben dieser Gott, von dem hier gesprochen wird. Elohim in Genesis 1 ist nicht Eigen-, sondern Gattungsname, bedeutet also etwa „Gottheit". Man könnte meinen, der Eigenname sei der Beweis für einen sehr primitiven Gottesgedanken und zeige, dass wir hier gerade kein Recht hätten, von dem Gott zu reden, von dessen Gewalt das 1. Kapitel gesprochen hat. Und doch ist gerade hier zu erwidern: Anthropomorphismus im Gottesgedanken, offenkundige Mythologie ist keine unsachgemäßere, unangemessenere Ausdrucksweise für das Wesen Gottes als die abstrakte Verwendung des Gattungsnamens „Gottheit". Vielmehr ist gerade in deutlichem Anthropomorphismus die Tatsache viel stärker zum Ausdruck gebracht, dass wir „Gott an sich" eben so oder so nicht denken können, – der abstrakte Gottesbegriff ist im Grunde viel anthropomorpher, eben weil er es nicht sein will, als der kindliche Anthropomorphismus – dass wir einen Eigennamen Gottes brauchen, damit wir Gott recht denken können. Ja, der Eigenname ist Gott selbst. Wir haben Gott nicht anders als in seinem Namen, auch heute: Jesus Christus, das ist der Name Gottes, höchst anthropomorph und höchst sachlich zugleich.

Gott bildete den Menschen aus Staub vom Ackerboden und blies in seine Nase Lebensodem. Auch hier wieder geht alles sehr irdisch vor; die Redeweise ist überaus kindlich und für den Menschen, der wirklich etwas einsehen, „wissen" will, sehr anstößig. Wie kann man von Gott so reden, wie man von einem Menschen redet, der sein Gefäß aus Erde und Ton bildet? Die Anthropomorphismen werden immer unerträglicher, Gott, der Former, der Bildner des Tons und der Mensch, gebildet wie ein Gefäß, aus einem Erdenkloß. Hieraus kann doch kein Wissen über den Ursprung des Menschen gewonnen werden! Gewiss, diese Geschichte ist als Erzählung zunächst ebenso belanglos und ebenso bedeutungsvoll wie manche andere Schöpfungsmythen. Und doch ist sie nun in ihrer Qualifikation als Wort Gottes *die Quelle* des Wissens über den Ursprung des Menschen schlechthin.

Und nun wird sich auch zeigen, dass das hier Gesagte genau zu dem vorher Gesagten gehört, mit ihm eine Einheit bildet.

Damit, dass Jahwe den Menschen mit eigenen Händen bildet, ist das Doppelte gesagt: einmal die leibliche Nähe des Schöpfers zum Geschöpf, dass es wirklich Er ist, der mich – den Menschen – macht mit eigenen Händen; seine Sorge, sein Denken an mich, seine Absicht mit mir, seine Nähe zu mir – und andererseits eben doch seine Vollmacht, seine schlechthinnige Überlegenheit, in der er mich bildet und schafft, in der ich sein Geschöpf bin; seine Väterlichkeit, in der er mich schafft und in der ich ihn verehre, – das ist Gott selbst, von dem die ganze Bibel zeugt.

Der Mensch, den Gott nach seinem Ebenbilde, d. h. in Freiheit geschaffen hat, ist der Mensch, der aus Erde genommen ist. Stärker konnten selbst Darwin und Feuerbach nicht reden, als hier geredet ist. Aus einem Stück Erde stammt der Mensch. Seine Verbundenheit mit der Erde gehört zu seinem Wesen. Die „Erde ist seine Mutter", aus ihrem Schoß kommt er. Aber freilich, noch ist der Ackerboden, von dem der Mensch genommen ist, nicht der verfluchte, sondern der gesegnete Acker. Es ist die Erde Gottes, aus der der Mensch genommen ist. Aus ihr hat er seinen Leib. Sein Leib gehört zu seinem Wesen. Sein Leib ist nicht sein Kerker, seine Hülle, sein Äußeres, sondern sein Leib ist er selbst. Der Mensch „hat" nicht einen Leib und „hat" nicht eine Seele, sondern er „ist" Leib und Seele. Der Mensch am Anfang ist wirklich sein Leib, er ist einer. So wie Christus sein Leib ganz ist, wie die Kirche der Leib Christi ist. Der Mensch, der sich seines Leibes entledigt, entledigt sich seiner Existenz vor Gott, dem Schöpfer. Der Ernst des menschlichen Daseins ist seine Gebundenheit an die mütterliche Erde, sein Sein als Leib. Er hat sein Dasein als Dasein auf Erden, nicht von oben her kommend ist er von einem grausamen Schicksal in die irdische Welt verschlagen und geknechtet, sondern aus der Erde, in der er schlummerte, tot war, ist er herausgerufen vom Worte Gottes, des Allmächtigen, selbst ein Stück Erde, aber von Gott zum Menschsein berufene Erde.

„Wach auf, der du schläfst, stehe auf von den Toten, so wird dich Christus erleuchten" (Eph 5,14). So hat es auch Michelangelo gemeint. Der am jungen Erdboden ruhende Adam ist so fest und innig mit dem Boden, auf dem er liegt, verbunden, dass er selbst in seinem noch träumenden Dasein ein höchst seltsames, höchst wunderbares – aber eben doch ein Stück Erde ist, ja gerade in diesem völligen Hingeschmiegtsein an den gesegneten Boden der Schöpfungserde wird die ganze Herrlichkeit des ersten Menschen sichtbar. Und in diesem Ruhen an der Erde, in diesem tiefen Schöpfungsschlaf erfährt nun der Mensch durch die leibliche Berührung mit dem Finger Gottes Leben – es ist dieselbe Hand, die den Menschen gemacht hat, die ihn nun wie aus der Ferne zart berührt und zum Leben erweckt. Nicht hält die Hand Gottes den Menschen mehr in sich gefasst, sondern sie hat ihn freigegeben, und ihre schöpferische Kraft wird zur verlangenden Liebe des Schöpfers zum Geschöpf. Die Hand Gottes auf diesem Bilde der Sixtina enthüllt mehr Wissen über die Schöpfung als manche tiefe Spekulation.

Und Gott blies in seine Nase Lebensodem; so wurde der Mensch ein lebendiges Wesen. Leib und Leben treten hier ganz ineinander. Gott haucht dem Leib des Menschen seinen Geist ein. Und dieser Geist ist Leben, macht den Menschen lebendig. Anderes Leben schafft Gott durch sein Wort, beim Menschen gibt er von seinem Leben, von seinem Geist. Der Mensch als Mensch lebt eben nicht ohne den Geist Gottes. Als Mensch leben heißt als Leib im Geist leben. Die Flucht aus dem Leib ist ebenso Flucht aus dem Menschsein wie die Flucht aus dem Geist. Leib ist die Existenzform von Geist, wie Geist die Existenzform von Leib ist. Dies alles ist nur vom Menschen gesagt, denn nur beim Menschen wissen wir um Leib und Geist. Der menschliche Leib ist von allen nicht menschlichen Körpern dadurch unterschieden, dass er die Existenzform des Geistes Gottes auf Erden ist, wie er von allem anderen Leben doch dadurch ganz ununterschieden ist, dass er wie dieses Erde ist. Der menschliche Leib lebt wirklich nur durch Gottes Geist, das eben ist sein Wesen. Gott verherrlicht sich im Leib, und zwar im Leib in diesem spezifischen Sein des menschlichen Leibes. Darum geht Gott dort, wo der ursprüngliche Leib in seinem geschaffenen Sein zerstört ist, abermals in den Leib ein, in Jesus Christus und dann dort, wo auch dieser Leib zerrissen ist, in die Gestalten des Sakraments des Leibes und Blutes. Leib und Blut des Abendmahles sind die neuen Schöpfungswirklichkeiten der Verheißung für den gefallenen Adam. Weil Adam geschaffen ist als Leib, darum wird er auch erlöst als Leib, in Jesus Christus und im Sakrament.

Dieser so geschaffene Mensch ist der Mensch als Ebenbild Gottes. Ebenbild nicht trotz, sondern gerade in seiner Leiblichkeit. Denn in seiner Leiblichkeit ist er bezogen auf die Erde und auf anderen Leib, ist er für andere, ist er angewiesen auf andere. In seiner Leiblichkeit findet er den Bruder und die Erde. Als solches Geschöpf ist der Mensch aus Erde und Geist seinem Schöpfer Gott „ähnlich".

Die Mitte der Erde (2,8-17)

„Und Jahwe Gott pflanzte einen Garten in Eden gen Morgen und setzte den Menschen hinein, den er gemacht hatte. Und Jahwe Gott ließ aufwachsen aus der Erde allerlei Bäume, lustig anzusehen und gut zu essen und den Baum des Lebens mitten im Garten und den Baum der Erkenntnis des Guten und Bösen. Und es ging aus von Eden ein Strom zu wässern den Garten, und teilte sich von da in vier

Hauptwasser. Das erste heißt Pison, das fließt um das ganze Land Chavila, und daselbst findet man Gold. Und das Gold des Landes ist köstlich; und da findet man Bedolachharz und Schohamsteine. Das andere Wasser heißt Gichon, das fließt um das ganze Mohrenland. Das dritte Wasser heißt Hiddekel, das fließt vor Assyrien. Das vierte Wasser ist der Phrat. Und Jahwe Gott nahm den Menschen, und setzte ihn in den Garten Eden, dass er ihn baute und bewahrte. Und Jahwe Gott gebot dem Menschen und sprach: Du sollst essen von allerlei Bäumen im Garten, aber von dem Baum der Erkenntnis des Guten und Bösen sollst du nicht essen; denn welches Tages du davon issest, wirst du des Todes sterben."

Wie sollte man von der ersten, der jungen Erde anders reden als in der Sprache der Märchen? Gott bereitet dem Menschen, den er mit eigener Hand geschaffen hat, einen überaus herrlichen Garten. Und woran denkt der Mensch der Wüstenlandschaft hier eher als an ein Land mit herrlichen Strömen und Bäumen voller Früchte. Kostbare Steine, seltene Gerüche, prächtige Farben, damit ist der erste Mensch umgeben. Das fruchtbare Land im fernen Osten zwischen Euphrat und Tigris, von dem so viel wunderbare Dinge gesagt wurden, vielleicht war es jener Ort, jener Garten des ersten Menschen. Wer kann von diesen Dingen anders reden als in Bildern. Bilder sind ja nicht Lüge, sondern sie bezeichnen Dinge, lassen Dinge durchscheinen, die gemeint sind. Aber freilich Bilder wechseln, die Bilder eines Kindes sind anders als die des Erwachsenen, die des Menschen der Wüste anders als die des Menschen der Großstadt. Aber ob so oder so, sie bleiben wahr, wie eben menschliche Rede, auch Begriffsrede überhaupt, wahr bleiben kann, nämlich wahr, sofern Gott in ihnen bleibt.

Durchaus im Rahmen des Bildes wird erzählt, wie der Mensch in diesen Garten gesetzt wurde, um darin zu leben, und wie in der Mitte des Gartens zwei Bäume standen, der eine der Baum des Lebens, der andere der Baum der Erkenntnis des Guten und des Bösen. Und an diesen beiden Bäumen soll sich nun das Geschick des Menschen entscheiden. Wir bleiben ganz in der Bilderwelt, in der Welt des Magischen, der Zauberwirkungen durch verbotene Berührungen geheiligter Gegenstände. Von wunderkräftigen Bäumen, von verzauberten Tieren, von feurigen Engelgestalten, den Dienern eines in seinem Zaubergarten wandelnden Gottes, von dessen rätselhaften Taten, von der Erschaffung des Weibes aus der Rippe des Mannes hören wir – und mitten in dieser Welt der Mensch, der kluge, der die Welt um sich herum kennt, der sie frei benennt, vor dem die ganze Tierwelt erscheint, damit sie von ihm ihre Namen empfange, der Mensch, der nackt ist und sich nicht schämt, der Mensch, der mit Gott spricht und umgeht, als gehörten sie zueinander, der mit den Tieren auf dem Felde redet und in seinem Zaubergarten herrlich und in Frieden lebt – und der dann nach der Frucht eines Zauberbaumes greift und in diesem Augenblick sein Paradies verliert. Mythos, kindliche, fantastische Ausmalung der grauen verborgenen Vorzeit – so sagt die Welt. Gottes Wort, Geschehen am Anfang der Geschichte, vor der Geschichte, jenseits der Geschichte und doch in der Geschichte; Weltentscheidung, *wir selbst* die Betroffenen, die Gemeinten, die Angeredeten, die Angeklagten, die Verurteilten, die Ausgestoßenen, *Gott selbst* – der Segnende und Verfluchende; *unsere* Vorgeschichte, wirklich unsere eigene, jedes Einzelnen Anfang, Schicksal, Schuld, Ende – so sagt die Kirche Christi.

Warum das eine bestreiten auf Kosten des anderen? Warum nicht einsehen, dass all unser Reden von Gott, von unserem Anfang und Ende, von unserer Schuld *nie* die Dinge selbst sagt, sondern immer nur Bilder, und dass Gott durch jene alten Bilder der Magie wie durch unsere technisierenden Begriffsbilder selbst nach uns greifen muss hier wie dort, dass er uns lehren muss, wenn wir klug werden sollen. – Es muss sich also bei der Auslegung des Folgenden darum handeln, die alte Bildersprache der magischen Welt in die neue Bildersprache der technischen Welt zu übersetzen, aber eben immer unter der Voraussetzung, dass dort wie hier *wir* die Gemeinten sind, dass wir uns in die geöffnete Bereitschaft begeben, das damals über den Menschen des magischen Weltbildes Gesagte uns sagen zu lassen – uns, die wir uns freilich von jenen dadurch unterscheiden, dass Christus erschienen ist, während jene warteten, die wir aber mit jenen darin *dieselben* sind, dass wir, ob in Hoffnung oder Erfüllung, von Christus allein leben können, als die Verlorenen und die in Hoffnung oder Erfüllung Begnadigten.

In der Mitte des Gartens stehen zwei Bäume, die einen besonderen Namen tragen, der sie mit dem menschlichen Dasein in eigentümlicher Weise verbindet: Baum des Lebens, Baum der Erkenntnis des Guten und des Bösen. Und an den zweiten knüpft sich das Verbot, von seinen Früchten zu essen, die Bedrohung mit dem Tod. *Leben, Erkenntnis, Tod*, von diesen drei Dingen ist hier im Zusammenhang geredet; und es gilt, diesen Zusammenhang zu erfassen. Es scheint historisch so zu liegen, dass die Geschichten vom Lebensbaum und vom Baum der Erkenntnis ursprünglich verschiedener Herkunft waren. Aber das liegt alles sehr im Dunkel. Uns geht es um den Text, wie er der Kirche Christi heute vorliegt.

Zunächst der Baum des Lebens. Es geht aus dem Zusammenhang hervor, dass dem Menschen nicht ausdrücklich verboten wird, von ihm zu essen. Tatsächlich gewinnt dieser Baum seine eigentümliche Bedeutung auch erst, nachdem der Mensch durch sein Essen vom Baum der Erkenntnis dem Tode verfallen ist. Vorher ist das Leben nichts Problematisches, auch nichts Erstrebtes, nichts zu Erraffendes, sondern es ist da, gegebenes Leben, und zwar Leben vor Gott. Darum wird an dieser Stelle der Baum des Lebens nur ganz schlicht genannt. *Er war in der Mitte*, das ist das Einzige, was gesagt wird; das Leben, das von Gott herkommt, ist in der Mitte, d. h. Gott, der das Leben schenkt, ist in der Mitte. In der Mitte der dem Adam verfügbaren, der ihm zur Herrschaft gegebenen Welt ist nicht er selbst, sondern der Baum göttlichen Lebens. Adams Leben kommt von der Mitte her, die er nicht selbst ist, sondern Gott; es umkreist dauernd diese Mitte, ohne jeden Versuch zu machen, diese Mitte des Daseins selbst in Besitz zu nehmen. Dies ist das dem Menschen Eigentümliche, dass sein Leben ein stetes Kreisen um seine eigene Lebensmitte, aber nie ein Besitznehmen derselben ist. Und dieses Leben von der Mitte her, die Gott selbst allein in Besitz hat, ist solange unangefochten, als nicht von einer anderen Seite aus der Mensch sich aus den Geleisen schleudern lässt. Adam ist nicht in der Versuchung, den Lebensbaum anzurühren, sich an dem göttlichen Baum in der Mitte zu vergreifen, es braucht ihm gar nicht verboten werden; er würde das Verbot gar nicht verstehen. Er hat ja das Leben.

Aber er hat nun dieses Leben doch in jener besonderen Weise, dass erstens wirklich *er* es hat (und nicht nur es ihn hat), zweitens so, dass er es in der Einheit des ungebrochenen Gehorsams gegen den Schöpfer hat, dass er es gerade darin hat, dass er von der Mitte des Lebens her und auf die Mitte des Lebens hin, aber nicht selbst in der Mitte lebt. Die schlechthinnige Ungebrochenheit, Einheit des Gehorsams, d. h. seine Unschuld und seine Unwissenheit um den Ungehorsam, das ist die eigentümliche Bestimmtheit des Lebens des Adam. Das Leben, das Gott dem Menschen gab, ist nicht einfach eine Beschaffenheit, eine *Qualitas* des Menschen, sondern es ist etwas, das ihm nur in seinem ganzen Menschsein gegeben ist, er hat das Leben von Gott und vor Gott, er empfängt es, aber er empfängt es nicht als Tier, sondern als Mensch, er hat es in seinem Gehorsam, in seiner Unschuld, in seiner Unwissenheit, das heißt er hat es in seiner Freiheit.

Dass der Mensch lebt, geschieht im Gehorsam aus Freiheit. Wenn es also dem Adam nicht in den Sinn kommen kann, sich unmittelbar an dem Lebensbaum zu vergreifen, weil er ja das Leben hat, so könnte doch der Lebensbaum mittelbar von einer anderen Seite gefährdet sein, nämlich von der Freiheit in der ungebrochenen Einheit des Gehorsams, in der Adam das Leben hat, d. h. aber vom Baum der Erkenntnis des Guten und des Bösen. *Inwiefern?*

Der Baum der Erkenntnis des Guten und Bösen steht ebenso wie der Baum des Lebens in der Mitte des Gartens. Aber an den Hinweis auf ihn knüpft sich unmittelbar ein besonderes Wort Gottes, nämlich das Verbot, von ihm zu essen und die Bedrohung mit dem Tod, sobald der Mensch dieses Gebot übertreten würde.

Wie soll Adam begreifen, was Tod, was gut und böse, ja was überhaupt das Verbot ist, er, der im ungebrochenen Gehorsam gegen den Schöpfer lebt? Kann das alles für ihn etwas anderes sein als leere Worte? Gewiss, Adam kann nicht wissen, was Tod, was gut und böse ist, aber Adam versteht in diesen Worten, dass hier Gott ihm gegenübertritt und ihn auf seine Grenze hinweist. Wir fragen: Wie kann Adam, der um gut und böse nicht weiß, der Unschuldige, Unwissende, das ihn treffende Wort Gottes als Verbot verstehen? Ein Doppeltes war in dem Verbot enthalten: einmal der Hinweis auf Adams Menschsein, auf seine Freiheit („für" und „von") – es ist Adam, der Mensch, der angeredet wird auf sein Menschsein, das versteht Adam –, zum anderen, diesem Menschen, der als freier angesprochen wird, wird seine Grenze gezeigt, d. h. seine Geschöpflichkeit. Adam wird in dem Verbot auf seine Freiheit und auf seine Geschöpflichkeit hin angeredet und durch das Verbot auf dieses Sein seiner selbst festgelegt. Es heißt nichts anderes als: Adam, du bist der, der du bist von mir, deinem Schöpfer her; nun sei es auch. Du bist freies Geschöpf, nun sei es auch. Du bist frei, so sei frei, du bist

Geschöpf, so sei Geschöpf; und dieses „– so sei …" ist nicht ein Zweites neben dem Ersten, sondern in dem Ersten immer schon mitgegeben, durch das Erste gewährleistet. Es ist das Angeredetwerden Adams auf sein Menschsein, das er jeweils von Gott her empfängt.

Dieses eigenartige Ineinander, das im Grunde ja nur das Ineinander von Freiheit und Geschaffenheit ist, ist nun in der Bildersprache der Bibel dadurch zum Ausdruck gebracht, dass der Baum der Erkenntnis, der verbotene Baum, der die Grenze des Menschen bezeichnet, in der Mitte steht. Die Grenze des Menschen ist in der Mitte seines Daseins, nicht am Rand; die Grenze, die am Rand des Menschen gesucht wird, ist Grenze seiner Beschaffenheit, Grenze seiner Technik, Grenze seiner Möglichkeit. Die Grenze, die in der Mitte ist, ist die Grenze seiner Wirklichkeit, seines Daseins schlechthin. In der Erkenntnis der Grenze am Rand ist die Möglichkeit innerer Grenzenlosigkeit stets mitgegeben, in der Erkenntnis der Grenze in der Mitte ist das gesamte Dasein, das Menschsein in jeder möglichen Haltung begrenzt. Dort wo die Grenze ist – der Baum der Erkenntnis –, dort ist nun auch der Baum des Lebens, d. h. der lebenspendende Herr selbst. Er ist Grenze und Mitte unseres Daseins zugleich, das weiß Adam. Aber sein Wissen darum ist so geartet, dass es nur ein Ausdruck ist für sein Sein von der Mitte her, auf die Mitte hin, für sein Geschaffensein und für seine Freiheit: Adams Wissen ist eingebettet in seine Freiheit für Gott, in seinen ungebrochenen Gehorsam gegen Gott, Wissen aus der Freiheit des Geschöpfes, Wissen in Leben, Wissen in Unwissenheit. Adam kann also das Böse nicht wissen, nicht denken, auch den Tod nicht. Aber er weiß seine Grenze, indem er Gott weiß. Er weiß die Grenze nicht als überschreitbare, sonst wüsste er um das Böse, aber er weiß sie als gegebene Gnade seiner Geschöpflichkeit und Freiheit. Er weiß also auch um sein Leben als allein durch seine Grenze mögliches, er lebt aus dieser Grenze, die in der Mitte ist. Er versteht also dies Verbot und die Bedrohung mit dem Tod nur als erneutes Geschenk, als Gnade Gottes. Grenze ist Gnade, denn sie ist Grund für Geschöpflichkeit, Freiheit, Grenze ist Mitte. Gnade ist das den Menschen Haltende über dem Abgrund des Nicht-Seins, Nicht-Lebens, Nicht-Geschaffenseins, wobei all dieses Nichtige dem Adam nur in Gestalt der gegebenen Gnade Gottes denkbar ist. Mit keinem Wort ist also in dem Bisherigen die Möglichkeit, das Verbot anders zu verstehen, etwa als Versuchung, angedeutet. Das Verbot des Paradieses ist Gnade des Schöpfers gegenüber dem Geschöpf. Gott versucht niemanden. Was der Baum der Erkenntnis des Guten und Bösen ist, weiß bisher allein der Schöpfer, Adam weiß es noch nicht. Er, der in der Einheit des Gehorsams lebt, begreift das Zwiefache nicht, er, der in der Einheit der Erkenntnis Gottes als der Mitte und der Grenze seines Lebens lebt, kann das Auseinanderbrechen der Erkenntnis in Gutes und Böses nicht denken. Adam weiß weder was gut noch was böse ist; er lebt im eigentlichsten Sinn *jenseits von gut und böse,* nämlich aus dem Leben, das von Gott kommt, vor dem das Leben im Guten wie im Bösen in gleicher Weise den undenkbaren Abfall bedeuten würde. Gut und böse, „*tob*" und „*ra*" hat dabei hier einen viel weitergehenden Sinn als gut und böse in unserer Terminologie. Die Worte *tob* und *ra* reden von einem letzten Zwiespalt in der Welt des Menschen überhaupt, der hinter den moralischen Zwiespalt noch zurückgreift, sodass *tob* auch etwa „lustvoll" und *ra* „leidvoll" bedeuten würde (Hans Schmidt[28]). *Tob* und *ra* sind die Begriffe für die tiefste Entzweiung des menschlichen Lebens in jeder Richtung. Wesentlich für sie ist es, dass sie paarweise auftreten, dass sie in ihrer Zwiespältigkeit unlöslich zusammengehören.

28 Hans Schmidt: *Die Erzählung von Paradies und Sündenfall*, Tübingen: Mohr 1931, S. 26 (Anm. d. Hg.).

Es gibt *tob*, das Lustvolle/Gute/Schöne, nicht ohne dass es immer schon in das *ra*/das Leidvolle/Böse/Gemeine/Unechte getaucht wäre. Und es gibt – in jenem weiten Sinn – das Leidvolle/Böse nicht ohne den Schimmer von Lust, der das Leid erst ganz zum Leid macht. Das *tob*-Gute ist uns immer nur das dem Bösen Entrissene, das durch das Böse Hindurchgegangene, das von ihm Erzeugte, Getragene und Geborene, der Glanz des Lustvoll-Guten ist seine Herkunft aus dem Bösen, wohl aus der Überwindung des Bösen, aber doch so wie das Kind den Mutterschoß überwindet, d. h. so, dass das Gute von der Größe des Bösen, dem es sich entrissen hat, geadelt ist. Ignatius ist uns „größer" als Franziskus, Augustin ist größer als Monika, Hagen größer als Siegfried.[29] Ebenso aber ist das „Böse" geadelt durch das „Gute", von dem es herkommt, das Leid durch die Lust, aus deren Tiefe es allein möglich wurde. Kein wirklich Böses entbehrt des Glanzes des Guten gänzlich. Es gibt für uns nicht das schlechthin Böse, das schlechthin Leidvolle im Menschen. Dort, wo das schlechthin Böse, das durch kein Gutes geadelt ist, das Gemeine selbst Gestalt annimmt, dort hat der Mensch seine Menschlichkeit verloren, dort nennen wir ihn krank; wo das Leidvolle schlechthin den Menschen zu erfassen vermag, sodass das Lustvolle im Leidvollen gänzlich vernichtet ist, dort ist der Mensch der Krankheit des Geistes, die wir Melancholie nennen, verfallen, dort ist er nicht mehr Mensch. Der gesunde Mensch ist im Leidvollen getragen und genährt von dem Lustvollen, ist im Lustvollen durchwühlt vom Leidvollen, im Guten vom Bösen, im Bösen vom Guten, er ist im Zwiespalt.

Das sind *wir,* die wir vom Baum der Erkenntnis gegessen

29 Gemeint sind Ignatius von Loyola, dessen Härte Bonhoeffer in Kontrast stellt zur Milde des Franz von Assisi (Franziskus), Monika war die sehr fromme Mutter des Augustinus und Hagen ist im Nibelungenlied der Mörder Siegfrieds (Anm. d. Hg.).

haben, nicht Adam. Aber noch ein Stück weiter müssen wir fragen, um den Gehalt der biblischen Rede vom Baum der Erkenntnis ganz zu verstehen: „… sobald du von ihm issest, musst du sterben"; der Baum der Erkenntnis ist der *Todesbaum.* Er steht unmittelbar neben dem Lebensbaum und *allein durch diesen Todesbaum ist der Lebensbaum gefährdet.* Beide noch unberührt und unberührbar, Grenze und Mitte. Wer nach dem Leben greift, muss sterben, „wer sein Leben erhalten will, wird es verlieren". – Aber nur der wird danach greifen, der es verloren hat. Verloren aber hat es der, der die Erkenntnis des Guten und des Bösen gewonnen hat, der im Zwiespalt lebt. Warum hat der das Leben verloren? Wir sagten, das Lustvoll-Gute sei getaucht in das Leidvoll-Böse und umgekehrt. Was ist nun aber das Leidvolle in der Lust? Dass der Mensch in aller Lust Ewigkeit will und dass er doch um ihre Vergänglichkeit, um ihr Ende weiß. Das ist kein Wissen, das aus vorangegangener Erkenntnis käme und nun auf jedes lustvolle Ereignis angewandt würde, sondern das verrät uns die Tiefe der Lust selbst, wenn wir auf sie lauschen, der Durst, die Sucht nach der Ewigkeit, eben weil sie nicht ewig, sondern dem Tod verfallen ist. Und wir fragen umgekehrt: Was ist das Lustvolle im Leid? – Dass der Mensch in der Tiefe des Leides die Lust der Vergänglichkeit empfindet, die Lust am Verlöschen des scheinbar unendlichen Leides, die Lust am Tod.

Was ist das Böse im Guten? Dass das Gute stirbt. Was ist das Gute im Bösen? Dass das Böse stirbt. Was ist die Entzweiung, die Zerrissenheit der Welt und des Menschen in *tob* und *ra*? Es ist das leid- und lustvolle Sterben des Menschen selbst. Der Mensch, der um *tob* und *ra* weiß, weiß im selben Augenblick um seinen Tod. Das Wissen um *tob* und *ra* selbst ist sein Tod. Der Mensch stirbt am Wissen um Gut und Böse. Der Mensch ist tot in seinem Guten und in seinem Bösen. Der Tod als Vergänglichkeit ist nicht der Tod, der von Gott kommt. Was heißt Totsein? Es heißt nicht die Aufhebung des Geschaffenseins, sondern es heißt, vor Gott nicht mehr leben können und doch vor ihm leben müssen, es heißt, vor ihm als der Geächtete, Verlorene, Verdammte, aber nicht als der Nichtseiende stehen, d. h. aber von Gott nicht mehr das Leben empfangen als Gnade, die aus der Mitte und der Grenze des eigenen Daseins kommt, sondern als Gebot, das sich mir in den Weg stellt und mit flammendem Schwert jeden Rückzug verweigert. Totsein in diesem Sinne heißt: das Leben nicht als Gabe, sondern als Gebot haben. Diesem Gebot aber kann sich keiner entziehen; auch nicht durch selbsterwählten Tod, da eben das Totsein selbst wieder unter dem Gebot des Lebens steht. *Totsein heißt Leben-müssen.* Das irritiert unser natürliches Denken. Totsein ist nicht die Befreiung, Erlösung, die letzte Fluchtmöglichkeit; die Flucht in den Tod ist vielmehr die Flucht in die furchtbarste Fron des Lebens. Die *Unausweichlichkeit des Lebens als Gebot* – das ist die *Erkenntnis des Todes.*

In dem *Gebot des Lebens* ist von mir etwas gefordert, das ich nicht in der Lage bin zu erfüllen. Ich soll aus mir selbst heraus, von mir her leben und kann das nicht. Eben dies aber ist nun das Gebot, das auf dem lastet, der um *tob* und *ra* weiß. Er soll aus sich selbst heraus leben und er tut es, aber er kann es nicht. *Er tut es*, indem er aus seinem inneren Zwiespalt heraus lebt, indem er mit seinem Guten aus dem Bösen und mit seinem Bösen aus dem Guten heraus lebt, indem er die Kraft des Leides aus der Lust und die der Lust aus dem Leid nimmt, er lebt im Zirkel, er *lebt* aus sich selbst, er ist allein; aber *er kann es nicht*, denn er lebt eben nicht, sondern er ist in *diesem Leben* tot; denn er *muss* nun leben, d. h., er *muss* es aus sich selbst heraus vollbringen, und eben das ist sein Tod (als Erkenntnisgrund und Realgrund zugleich!). Der Mensch, den Gottes Gebot als forderndes trifft, ist auf sich selbst gestellt und muss nun so leben. Der Mensch lebt nun nur noch aus sich selbst, aus seinem Wissen um Gut und Böse und ist darin tot.

Nun ist es aber schließlich ohne Weiteres verständlich, dass der Baum des Lebens erst dort in Gefahr kommt, wo der Baum des Todes seine Wirkung getan hat. Es ist verständlich, warum an den Baum des Todes das Verbot geknüpft war, aber nicht an jenen; oder umgekehrt, warum der Baum, an den das Gebot geknüpft war, der Baum des Todes sein muss. Es ist aber noch eins völlig unverständlich, nämlich wie es überhaupt zu dieser Tat kam, die uns unsere Welt des Zwiespalts eröffnet und geschaffen hat. Das Wissen um die in *tob* und *ra* zerrissene Welt gibt es nur im Tod. Und von dieser Welt eben weiß Adam nichts. Sie bleibt ihm verhüllt in der verlockenden Frucht des Baumes der Erkenntnis. Das Geheimnis seiner Grenze, seines Lebens, weiß er bei Gott aufgehoben.

Aber auch an dieser Stelle haben wir uns zu erinnern, dass es ja hier nicht um die Erzählung über irgendeinen Urmenschen geht, die uns mehr oder weniger unbetroffen lässt, wobei unsere Aufgabe im Wesentlichen wäre, unsere Fantasie spielen zu lassen, um uns in dieses Märchenland jenseits von *tob* und *ra* zu versetzen. Jede solche Fantasiespielerei wäre ein völliges Außerachtlassen unserer eigenen Situation, ja ist eigentlich nur möglich in der Welt des Zwiespalts, in der der Mensch meint, er könne sich selbst noch irgendwie entfliehen. Vielmehr darauf kommt es an zu wissen, dass wir von dieser Geschichte nicht als fantasiebegabte Zuhörer, sondern als Menschen in Anspruch genommen sind, die auch mit der äußersten Anstrengung ihrer Fantasie und sämtlicher anderer Seelenkräfte eben schlechterdings nicht in der Lage sind, sich in dieses Paradies des „jenseits von gut und böse“, „jenseits von lustvoll und leidvoll“ zu versetzen, sondern die mit all ihrem Denken verhaftet bleiben der zerrissenen Welt, dem Gegensatz, dem Widerspruch; und das darum, weil auch unser Denken nur der Ausdruck unseres Seins, unserer Existenz ist, die im Widerspruch gründet. Weil unser Dasein nicht in der Einheit ist, ist auch unser Denken zerrissen. Statt nun aber diese Unmöglichkeit zu sanktionieren, statt von unserem Begriff des Guten aus das, was die Bibel gut nennt, zu beurteilen und von hier aus nun Kritik an jenem biblischen Reden jenseits von gut und böse zu üben, ist gerade dieser Adam uns zur Beunruhigung und Kritik gesetzt, und zwar gerade dadurch, dass Adam Mensch ist wie wir, dass seine Geschichte unsere Geschichte ist, mit dem einen allerdings entscheidenden Unterschied, dass sie für uns dort beginnt, wo sie für Adam aufhört. Unsere Geschichte ist Geschichte durch Christus, wo Adams Geschichte durch die Schlange ist. Aber eben als solche, die allein durch Christus leben und Geschichte haben, können wir nicht aus unserer Fantasie um den Anfang wissen, sondern allein aus der neuen Mitte, aus Christus, als solche, die nun im Glauben aus dem Wissen um Gut und Böse, aus dem Tod befreit sind und die allein im Glauben sich das Bild Adams aneignen können.

Die Kraft des anderen (2,18-25)

„Und Jahwe Gott sprach: Es ist nicht gut, dass der Mensch allein sei, ich will ihm einen Beistand schaffen, wie er für ihn passt. Da bildete Jahwe Gott aus der Erde alle Tiere des Feldes und alle Vögel des Himmels und brachte sie zu dem Menschen, um zu sehen, wie er sie nannte und ganz wie der Mensch die lebendigen Wesen benennen würde, so sollten sie heißen. Da gab der Mensch allem Vieh und allen Vögeln des Himmels und allen Tieren des Feldes Namen, aber für den Menschen fand er keinen Beistand, der für ihn gepasst hätte. Da ließ Jahwe Gott einen tiefen Schlaf auf den Menschen fallen, und als er eingeschlafen war, nahm er eine von seinen Rippen und füllte ihre Stelle mit Fleisch

aus. Alsdann gestaltete Jahwe Gott die Rippe, die er vom Menschen genommen hatte, zu einem Weibe und brachte sie zu dem Menschen. Da sprach der Mensch: Das endlich ist Gebein von meinem Gebein und Fleisch von meinem Fleisch. Sie soll Männin heißen, denn sie ist vom Manne genommen. Darum wird ein Mann Vater und Mutter verlassen und an seinem Weibe hangen, und sie werden sein ein Fleisch. Und sie waren beide nackt, der Mann und sein Weib, und sie schämten sich nicht."

Scheinbar ohne Zusammenhang wird gerade hier von der Entstehung des Weibes geredet. Und zweifellos ist es erzählungstechnisch verkehrt, dass das Weib das Verbot Gottes nicht gehört hat; denn irgendwelche innere Bedeutung kommt diesem Umstand nicht zu. Und doch hat der Bericht gerade an dieser Stelle seine besondere Bedeutung. Wir behalten im Auge: Der Baum des Lebens ist zuerst genannt, aber noch als der unbegehrte, an den sich kein Verbot knüpft, aber eben doch als der Baum, um dessen Frucht letztlich alles geht. Wir sahen, er ist gefährdet erst durch den Baum der Erkenntnis, und nun geht die Reihe der Glieder, die diese Gefahr verdichten und immer bedrohlicher werden lassen, immer weiter. Dem Baum der Erkenntnis folgt die Erschaffung des Weibes, und schließlich ist es die Schlange, die zu dem Griff nach dem Baum der Erkenntnis und des Lebens führt. Die Unbegreiflichkeit dieser Tat lässt den Dichter überaus tiefsinnig alles nur Denkbare zu ihrer Begreiflichmachung, richtiger: zur Verdeutlichung ihrer Unbegreiflichkeit mit ins Auge fassen und in diesen Zusammenhang ziehen. Es ist deutlich, dass die Erschaffung des Weibes hier für den Dichter bereits in die Vorgeschichte des Sündenfalls gehört:

„Es ist nicht gut, dass der Mensch allein sei; ich will ihm einen Beistand schaffen, wie er für ihn passt."

Der erste Mensch ist allein. Christus war auch allein; wir

sind auch allein. Aber jeder ist in seiner Weise allein. Adam ist allein in der Erwartung des anderen Menschen, der Gemeinschaft; Christus ist allein, weil er allein den anderen Menschen liebt, weil er der Weg ist, durch den das Menschengeschlecht zu seinem Schöpfer zurückkehrte. Wir sind allein, weil wir den anderen Menschen von uns gestoßen haben, weil wir ihn hassten. Adam war allein in Hoffnung, Christus war allein in der Fülle der Gottheit, wir sind allein im Bösen, in der Hoffnungslosigkeit.

Gott schafft dem Adam einen Beistand, eine Hilfe; es ist nicht gut, dass Adam allein sei. Wofür braucht der im Schutze Gottes lebende Mensch einen Beistand? Die Antwort erschließt sich nur dem, der die Geschichte immer wieder im Zusammenhang bedenkt. Ein Beistand, eine Hilfe für den Menschen, ist in der Bibel sonst nur Gott selbst. Wenn also hier *so* vom Weib gesprochen wird, so muss damit etwas ganz Ungewöhnliches gemeint sein. Das geht denn auch aus der Schilderung hervor. Gott bildet zunächst aus dem Erdboden, aus dem er den Menschen genommen – Mensch und Tier haben nach der Bibel denselben Leib! –, Tiere. Vielleicht, dass er unter diesen Brüdern – denn das sind sie doch, die Tiere, die mit ihm gleichen Ursprungs sind – einen Beistand fände. Das Eigentümliche dabei ist dies, dass der Mensch offenbar selbst wissen muss, ob dies ein Beistand für ihn sein könne oder nicht. Je nachdem ob der Mensch eines der Geschöpfe, die ihm vorgeführt werden, seinen Beistand nennen würde, sollte dieses sein Beistand sein. Da sitzt der kluge Adam, der alle Tiere sogleich beim Namen nennt, und lässt sie an sich vorbeiziehen, die brüderliche Welt der Tiere, die mit ihm vom selben Boden genommen war. Es ist sein erster Schmerz gewesen, dass diese Brüder, die er liebte, ihm doch nicht seine eigene Erwartung erfüllten, es bleibt ihm fremde Welt, ja es bleibt für ihn in aller Bruderschaft ihm unterworfene Kreatur, die er benennt, über die er herrscht. Er bleibt allein. Es ist meines Wissens nirgends in der Geschichte der Religionen in solch bedeutsamem Zusammenhang vom Tier geredet worden. Dort wo Gott die Hilfe, die er selbst ist, dem Menschen in Gestalt eines anderen Geschöpfes schaffen will, dort wird zuerst das Tier erschaffen und genannt und an seinen Ort gestellt. – Noch ist Adam allein. Was aus dem Boden der Erde kam, bleibt ihm fremd. Nun geschieht jenes Eigentümliche, dass Adam in einen tiefen Schlaf fallen muss. Was der wache Mensch nicht vermag, nicht findet, das tut Gott am schlafenden. Adam weiß also wesenhaft nicht, wie es geschieht. Aber er weiß, Gott hat ihn selbst gebraucht, hat ein Stück seines Leibes genommen, während er schlief, und hat den anderen daraus gebildet. Und es ist ein wahrer Jubelruf Adams, in dem er das Weib erkennt: „Dies endlich ist Gebein von meinem Gebein und Fleisch von meinem Fleisch. Sie soll Männin heißen, denn sie ist vom Manne genommen." Adam weiß also um die Einzigartigkeit dieses Geschöpfes, das Gott mit seinem Zutun, aus seinem Fleisch gebildet hat, aber er sieht dieses sein Tun am anderen ganz in dem Lichte der Gabe Gottes. Dass Eva von ihm herkommt, das ist ihm nicht Ursache des Rühmens, sondern des besonderen Dankes. Er leitet daraus keinen Anspruch für sich her, sondern er weiß sich dieser Eva, die von ihm her ist, in ganz neuer Weise verbunden. Es ist diese Verbundenheit am besten mit dem Ausdruck zu beschreiben: Er gehört nun zu ihr, weil sie zu ihm gehört. Sie sind nun nicht mehr ohne einander, sind eines und doch zwei. Und das Einswerden der zwei ist das Geheimnis selbst, das Gott durch sein Tun an dem schlafenden Adam begründet hat. Sie sind vom Ursprung her eins gewesen und erst im Einswerden kehren sie wieder zum Ursprung zurück. Aber dies Einswerden ist niemals die Verschmelzung der zwei, die Aufhebung ihrer Geschöpflichkeit als Einzelne, sondern die letzte mögliche Verwirklichung des Einander-Gehörens, das gerade auf ihrem Voneinander-Verschiedensein begründet ist.

Worin ist nun Eva dem Adam der „Beistand"? Es kann im Zusammenhang des Ganzen um nichts anderes gehen, als dass das Weib dem Mann Beistand wird im Tragen der ihm auferlegten Grenze. Was heißt das? Adam war allein. Er war in dem Verbot – wie wir sahen – auf sein Menschsein, auf seine Freiheit und auf seine Geschöpflichkeit angeredet. Er hatte sie, weil er sie in ungebrochenem Gehorsam empfing. Er empfing sie im täglichen Zwiegespräch mit seinem Schöpfer. Er wusste um seine Begrenztheit, aber eben nur in jenem positiven Sinn, dass ihm die Überschreitbarkeit der Grenze keine Denkmöglichkeit war. Er hatte in dieser Begrenztheit zwar sein Leben, aber noch konnte er dies Leben nicht eigentlich lieben in seiner Begrenztheit. Vielmehr war sein Leben zwischen Liebe und Hass noch das rein glaubende und schauende Empfangen des göttlichen Geschenkes. Es ist die unergründliche Barmherzigkeit seines Schöpfers, der weiß, dass dies geschöpflich freie Leben nur in der Begrenztheit getragen werden kann, wenn es geliebt wird, aus der heraus Er dem Menschen den Beistand schafft, der zugleich die Verleiblichung der Grenze des Adam und der Gegenstand seiner Liebe sein musste. Und zwar sollte die Liebe zum Weibe nun das Leben (im eigentlichsten Sinn) des Menschen selbst sein. *Grenze* und *Leben*, die unberührbare, unzugängliche Mitte des Paradieses, um die das Leben des Adam kreist, sie *nimmt Gestalt an* und wird unter der Schöpferhand Gottes zum Beistand Adams. Die Erkenntnis des anderen als des Geschöpfes Gottes, als des anderen schlechthin, als des neben mir stehenden, mich begrenzenden und zugleich das Wissen um die Herkunft des anderen aus mir, aus einem Leben und darum die Liebe zu dem anderen und das von ihm geliebt werden, weil er ein Stück von mir ist, – das ist dem Adam die leibliche Vergegenwärtigung der Grenze, die ihn seine Grenze leichter, d. h. in der Liebe zum Menschen tragen lassen soll. Der andere Mensch ist die mir von Gott gesetzte Grenze, die ich liebe, und die ich um meiner Liebe willen nicht überschreiten werde. Nichts anderes ist damit gesagt, dass die beiden, die *zwei* bleiben, als Geschöpfe Gottes, *ein* Leib werden, d. h. in der Liebe einander gehören. Die Freiheit und die Geschöpflichkeit sind in der Erschaffung des anderen Menschen in der Liebe gebunden. Darum ist der andere Mensch dem ersten Menschen abermals Gnade, so wie das Verbot, vom Baum der Erkenntnis zu essen, Gnade war. In diesem gemeinsamen Tragen der Grenze von den beiden ersten Menschen, in der Gemeinschaft bewährt sich der Charakter dieser Gemeinschaft als Kirche. Damit ist aber schon eines gewiss, dass dort, wo die Liebe zum anderen zerstört ist, der Mensch auch seine Grenze nur noch hassen kann, dass er ihn nur besitzen will – grenzenlos, oder vernichten will – grenzenlos, denn nun beruft er sich auf seinen Beitrag, auf sein Anrecht, auf das Herkommen des anderen von ihm, und was er bisher demütig empfing, wird nun zum Anlass des Rühmens und Aufruhrs. Das ist unsere Welt. Die Gnade des anderen Menschen, der unser Beistand ist, indem er uns hilft, unsere Grenze zu tragen, d. h. hilft vor Gott zu leben, mit dem in Gemeinschaft wir allein vor Gott leben können – diese Gnade ist zum Fluch geworden, der andere ist zu dem geworden, der unseren Hass gegen Gott immer leidenschaftlicher macht, um dessentwillen wir vor Gott nicht mehr leben können und der uns immer wieder zum Gericht wird. Von hier aus muss denn freilich Ehe und Gemeinschaft einen anderen neuen Sinn bekommen. Die Kraft des Anderen, in der ich vor Gott lebe, ist mir nun die Kraft des Anderen, durch die ich vor Gott sterben muss. – Kraft des Lebens wird Kraft der Vernichtung, Kraft der Gemeinschaft wird Kraft der Vereinsamung, Kraft der Liebe wird Kraft des Hasses.

„Darum wird ein Mann Vater und Mutter verlassen, und an seinem Weibe hangen, und sie werden ein Fleisch sein." Man könnte sagen, hier stolpert der Erzähler offenbar; wie kann Adam, der nichts von Vater und Mutter weiß, so etwas sagen. Man kann auch sagen, das sei die „Nutzanwendung des Erzählers“ oder ähnliche Betrachtungen anstellen. Auf den Grund der Sache gesehen, kommt hier eine fundamentale Erkenntnis zutage, die bisher immer mehr im Hintergrund gehalten worden war und die nun wie unbeabsichtigt offen herausbricht. Der Adam, der so redet, sind wir selbst, die wir Vater und Mutter haben und die wir um die Einzigartigkeit des Einandergehörens in der Liebe von Mann und Weib wissen, und für die doch dies Wissen gänzlich verdorben und zerstört ist durch unsere Schuld. Nicht eine Rechtfertigung des Davonlaufens aus der weltlichen Ordnung, aus der Gebundenheit an Vater und Mutter ist dieser Satz, sondern die letzte Möglichkeit, die Tiefe und Ernsthaftigkeit des Einandergehörens zu beschreiben. Dies letzte Einandergehören ist aber ganz unzweifelhaft zusammengesehen mit der Geschlechtlichkeit des Menschen. Ganz offenbar ist diese der Ausdruck des doppelten Sachverhaltes, des Einzelnerseins und des Einsseins mit dem anderen. Die Geschlechtlichkeit ist nichts als die letztmögliche Verwirklichung des Einandergehörens. Sie hat hier noch kein eigenes, von dieser ihrer Bestimmung gelöstes Leben. Die Gemeinschaft von Mann und Frau ist die aus Gott genommene, ihn als den Schöpfer verherrlichende, anbetende Gemeinschaft der Liebe. Sie ist darum Kirche in ihrer ursprünglichen Gestalt. Und weil sie Kirche ist, darum ist sie ewig gebundene Gemeinschaft. Für uns bedeuten derartige Sätze nicht eine Verherrlichung unserer Ehe, sondern den Hinweis, dass für uns jedenfalls die Verbundenheit von Mann und Frau nicht in dieser eindeutigen Wirklichkeit steht und dass gerade die kirchliche Handlung der Trauung vielleicht die fragwürdigste aller kirchlichen Amtshandlungen ist. Die Gemeinschaft der Liebe, die durch die Sexualität gänzlich zerrissen und zur Sucht geworden ist, die sich selbst bejaht und den anderen als Geschöpf Gottes verneint, diese Gemeinschaft, die auf dem Anspruch ruht, den der eine auf seinen Anteil am anderen – auf seine Rippe im anderen, auf das Von-ihm-her-Sein des anderen – macht, sie ist gerade nicht die Verherrlichung des Schöpfers, sodass in dieser Verherrlichung der Schöpfer selbst abermals das Werk seiner Schöpfung an den unwissenden, schlafenden Menschen, Adam und Eva, tut, sondern sie ist das Ansichreißen der Schöpferkraft und -herrlichkeit, die Steigerung zur bewusstlosen Bewusstheit des eigenen Ich, des Zeugens und Gebärens aus eigener Kraft, im Wachsein des Rausches. Diese abgründige Zerstörung des Ursprünglichen hebt nun freilich das eine nicht auf, dass die Gemeinschaft von Mann und Frau in eigentlichstem Sinne die Bestimmung trägt, Kirche zu sein (Eph 5,30-32).

„Und sie waren beide nackt, der Mann und sein Weib, und sie schämten sich nicht."

Scham gibt es nur aus dem Wissen um die Entzweiung des Menschen, um die Entzweiung der Welt überhaupt, also auch um die Entzweiung seiner selbst. Scham ist der Ausdruck für das Nicht-mehr-Hinnehmen des anderen als Gabe Gottes, sondern für das süchtige Begehren nach dem anderen und das damit zusammengehörige Wissen um den anderen als einen solchen, der selbst nicht mehr genug daran hat, mir zu gehören, sondern der etwas von mir begehrt. Scham ist die Verhüllung meiner selbst vor dem anderen, um meines eigenen und seines Bösen willen, d. h. um der zwischen uns getretenen Entzweiung willen. Dort wo der eine den anderen hinnimmt als den ihm von Gott gegebenen Beistand, wo er sich begnügt in dem Sich-von-ihm-her- und Auf-ihn-hin-Verstehen, im Ihm-Gehören, da schämt sich der Mensch nicht. In der Einheit des ungebrochenen Gehorsams ist der Mensch vor dem Menschen nackt, unverhüllt, offenbar als Leib und als Seele, und schämt sich nicht. Erst in der Welt des Zwiespalts entsteht Scham. Erkenntnis, Tod, Geschlechtlichkeit, um den Zusammenhang dieser drei Urworte des Lebens geht es hier und im Folgenden.

Genesis 3

Die fromme Frage (3,1-3)

„Und die Schlange war listiger als alle Tiere auf dem Felde, die Jahwe Gott gemacht hatte, und sie sprach zu dem Weibe: Ja, sollte Gott gesagt haben: Ihr sollt nicht essen von allerlei Bäumen im Garten? Da sprach das Weib zu der Schlange: Wir essen von den Früchten der Bäume im Garten; aber von den Früchten des Baumes mitten im Garten hat Gott gesagt: Esset nicht davon, rühret's auch nicht an, dass ihr nicht sterbet."

Das Verbot, vom Baum der Erkenntnis zu essen, die Erschaffung der Eva, die Schlange, das ist eine im Zusammenhang zu verstehende Reihe, die gemeinsam im Angriff auf den Baum des Lebens steht, gemeinsam von Gott, dem Schöpfer herkommend und doch nun merkwürdigerweise in derselben Front mit dem Menschen gegen den Schöpfer. Das Verbot, das von Adam als Gnade gehört worden war, wird zum Gesetz, das Zorn anrichtet beim Menschen und bei Gott, das dem Menschen zum Beistand, zur Kraft des Tragens erschaffene Weib wird zur Verführung, die Schlange, ein Geschöpf Gottes unter anderen, wird selbst zum Werkzeug des Bösen. Wie geht das zu? Eben darauf antwortet nun die Bibel nicht, jedenfalls nicht eindeutig-direkt, sondern in eigentümlicher Indirektheit. Es hieße den biblischen Bericht vergröbern und völlig verzerren, wollte man sich einfach auf den Teufel berufen, der als der Feind Gottes das alles anrichte. Das eben sagt die Bibel aus ganz bestimmten Gründen nicht. Ebenso würde es den Zusammenhang ganz missdeuten, wollte man sich auf die Freiheit des Menschen zum Guten und zum Bösen berufen, von der der Mensch nur in falscher Weise Gebrauch gemacht hat. Sondern das gerade ist das für die biblische Erzählung Charakteristische und Wesentliche, dass das ganze Geschehen sich in der von Gott geschaffenen Welt abspielt und dass gerade keine diaboli ex machina[30] in Bewegung gesetzt werden, um dieses unbegreifliche Geschehen verständlich zu machen und zu dramatisieren. Das Zwielicht, in dem das Geschaffene und das Böse hier erscheinen, ist auf keine Weise aufzulösen, ohne dass das Entscheidende zerstört wird. Die Zweideutigkeit der Schlange, der Eva, des Baumes der Erkenntnis als Geschöpfe der Gnade Gottes und als Ort der Stimme des Bösen muss als solche gewahrt bleiben und darf keinesfalls grob eindeutig auseinandergerissen werden. Denn eben dieses Zwielicht, diese Zweideutigkeit, in der die Schöpfung hier steht, ist die für den Menschen in der Mitte – und auch der Jahwist war Mensch in der Mitte – allein mögliche Gestalt der Aussage über jenes Geschehen. Nur so ist das zwiefache Anliegen zu wahren: die Schuld wirklich ganz dem Menschen zu geben und zugleich die Unbegreiflichkeit, Unerklärbarkeit, Unentschuldbarkeit der Schuld zum Ausdruck zu bringen. Die Bibel will nicht über den Ursprung des Bösen Auskunft geben, sondern von seinem Charakter als Schuld und als unendliche Belastung des Menschen zeugen. Die Frage nach dem Ursprung des Bösen unabhängig hiervon zu stellen, liegt dem biblischen Autor fern, und gerade dann wird die Antwort nicht eindeutig, direkt sein können. Sie wird immer das Doppelte enthalten, dass ich als das Geschöpf Gottes das ganz Widergöttliche, Böse getan habe, und dass dies eben darum Schuld und eben

30 „Teufel aus der Maschine“ – das Gegenstück zu „Deus ex machina“, womit ursprünglich im griechischen Theater das plötzliche Auftauchen eines Gottes mithilfe einer Theatermaschine bezeichnet wurde, und das daher das unerwartete Auftreten einer helfenden Person oder ein plötzliches Ereignis in Notsituationen meint (Anm. d. Hg.).

darum unentschuldbare Schuld sei. Es wird darum nie möglich sein, sich einfach auf den Teufel, der einen verführt hat, zu berufen, sondern dieser Teufel wird immer gerade dort sein, wo ich als Geschöpf Gottes in Gottes Welt hätte leben sollen und nicht leben wollte. Es bleibt dann freilich ebenso unmöglich, die Schöpfung als unvollkommen anzuklagen und für mein Böses verantwortlich zu machen. Die Schuld liegt allein auf mir, der ich mitten in der Urständlichkeit der Schöpfung das Böse getan habe. Diese völlige Unbegreiflichkeit der Tat wird hier in Genesis 3 dadurch zum Ausdruck gebracht, dass nicht plötzlich eine irgendwoher kommende böse Gewalt offensichtlich in die Schöpfung hineinbricht, sondern dass sich dies Böse ganz in der Schöpfungswelt verhüllt, in der Schöpfung durch den Menschen geschieht. Wäre vorher, wie es die katholische Dogmatik und wie es auch Luther will, vom Fall des Luzifer berichtet, so wäre Adam als das erste Opfer dieses Luzifer grundsätzlich schon entlastet. Aber das gerade ist das ganz Sachliche des biblischen Berichtes, dass sich der Sündenfall mitten in der Schöpfung vorbereitet und vollzieht und eben hierdurch seine völlige Unentschuldbarkeit aufs Deutlichste ausgesprochen wird.

„Die Schlange war listiger als alle Tiere auf dem Felde." Es wird nicht einfach gesagt, dass die Schlange der Teufel gewesen sei. Die Schlange ist Geschöpf Gottes, aber eben listiger als alle anderen. Nirgends in der ganzen Geschichte wird der Teufel in seiner Leibhaftigkeit eingeführt. Und doch geschieht das Böse, und zwar geschieht es durch den Menschen, durch die Schlange, durch den Baum. Es ist zunächst nur das Gotteswort selbst, das noch einmal aufgegriffen wird. Die Schlange fragt: Sollte Gott gesagt haben, ihr sollt nicht essen von allerlei Bäumen in diesem Garten? Sie bestreitet dies Wort nicht, aber gibt dem Menschen einen ihm bisher unbekannten Ausblick in eine Tiefe, von der aus der Mensch in der Lage wäre, ein Wort als Gotteswort zu begründen oder zu bestreiten. Die Schlange selbst stellt zunächst nur die Möglichkeit hin, dass vielleicht der Mensch hier falsch gehört habe, da Gott das doch nicht so gemeint haben könne. Gott, der gute Schöpfer, habe doch wohl seinem Geschöpf so etwas nicht auferlegt, das wäre ja eine Begrenzung seiner Liebe. Das Entscheidende dabei ist, dass dem Menschen durch diese Frage nahegelegt wird, selbst hinter das Wort Gottes zurückzugehen und es nun seinerseits, aus seinem Verständnis des Wesens Gottes zu begründen. Sollte es diesem Verständnis widersprechen, dann hat sich der Mensch offenbar getäuscht. Und es muss ja doch nur der Sache Gottes dienen, wenn solche falschen Gottesworte, solch falsch vernommener Befehl rechtzeitig zu Fall gebracht wird. Also dies ist das Doppelzüngige in dieser Frage, dass sie ganz offenbar von der Seite Gottes her gestellt sein will. Um des wahren Gottes willen scheint sie das gegebene Wort Gottes zu Fall bringen zu wollen. Die Schlange gibt damit vor, selbst irgendwie jenseits dieses gegebenen Wortes Gottes etwas um die Tiefe des wahren Gottes, der in diesem menschlichen Wort so schlimm entstellt wird, zu wissen. Die Schlange will mehr um Gott wissen als der Mensch, der allein an Gottes Wort hängt. Sie weiß um einen größeren, edleren Gott, der solches Verbot nicht nötig hat. Sie will selbst irgendwie die dunkle Wurzel sein, aus der der sichtbare Baum Gottes erst entstammt. Und aus dieser Machtstellung heraus kämpft nun die Schlange gegen das Wort Gottes. Sie weiß, dass sie nur dort, wo sie sich selbst als von Gott herkommend, als seine Sache vertretend ausgibt, Gewalt hat. Nur als die fromme Schlange ist sie böse. Sie, die erst aus der Kraft Gottes ihr Dasein zieht in ihrer Frage, sie, die nur dort, wo sie fromm ist, böse sein kann, sie gibt sich nun selbst als die Kraft aus, die noch hinter dem Gotteswort steht, aus der Gott selbst erst seine Kraft zieht. Es war durchaus eine fromme Frage, die sie stellte. Aber mit der ersten frommen Frage in der Welt ist das Böse auf den Plan getreten. Dort wo das Böse sich in seiner Gottlosigkeit zeigt, dort ist es ganz machtlos, dort ist es ein Kinderschrecken, dort brauchen wir es nicht zu fürchten, ja dort konzentriert es dann auch gar nicht seine Gewalt, sondern dort lenkt es meist nur ab von dem anderen Ort, an dem es nun erst wirklich durchbrechen will. Und hier ist es eingehüllt in das Kleid der Frömmigkeit. Der Wolf in Schafskleidern, der Satan in der Lichtgestalt des Engels – das ist das angemessene Bild des Bösen. Sollte Gott gesagt haben … das ist die gottlose Frage schlechthin, sollte Gott gesagt haben, dass er die Liebe ist, dass er uns die Sünden vergeben will, dass wir ihn nur glauben sollen, dass wir keine Werke brauchen, dass Christus uns zugut gestorben und auferstanden ist, dass wir das ewige Leben in seinem Reich haben sollen, dass wir nicht mehr allein sind, sondern getragen von der Gnade Gottes, dass einmal alles Leid und Geschrei ein Ende haben sollen, sollte Gott gesagt haben: Du sollst nicht stehlen, du sollst nicht ehebrechen, du sollst nicht falsch Zeugnis reden … sollte er dies wirklich mir gesagt haben? Gilt es nicht für mich vielleicht gerade nicht? Sollte Gott gesagt haben, dass er ein zorniger Gott denen ist, die seine Gebote nicht halten? Sollte er das Opfer Christi gefordert haben – er, von dem ich besser weiß, dass er der allgütige, all-liebende Vater ist? Das ist die Frage, die so ungefährlich aussieht, aber die Frage, durch die das Böse in uns Gewalt gewinnt, durch die wir Gott ungehorsam werden. Käme die Frage unverhüllt an uns in ihrer Gottlosigkeit, wir könnten ihr widerstehen. Aber so ist der Christ nicht anzugreifen, ihm muss man mit Gott selbst kommen, ihm muss man einen besseren, stolzeren Gott zeigen als er zu haben scheint, damit er fällt. Was ist das wesentlich Böse in dieser Frage? Es ist nicht dies, dass überhaupt gefragt wird. Es ist dies, dass in dieser Frage schon die falsche Antwort enthalten ist, dass in ihr die Grundhaltung des Geschöpfes zum Schöpfer angegriffen wird. Es wird dem Menschen zugemutet, Richter über Gottes Wort zu sein, anstatt es einfach zu hören und zu tun. Und das wird dadurch erreicht, dass der Mensch aufgrund einer Idee, eines Prinzips, irgendeines vorher gewonnenen Wissens über Gott nun über sein konkretes Wort urteilen soll. Dort, wo der Mensch aber mit der Waffe eines Prinzips, einer Gottesidee, gegen das konkrete Gotteswort angeht, dort ist er von vornherein im Recht, dort ist er der Herr Gottes geworden, dort ist er aus dem Gehorsam herausgetreten, dort hat er sich der Anrede Gottes entzogen. M. a. W. es ist in dieser Frage die Möglichkeit gegen die Wirklichkeit ausgespielt, und die Möglichkeit untergräbt die Wirklichkeit. In der Beziehung des Menschen zu Gott aber gibt es keine Möglichkeiten, dort gibt es ausschließlich Wirklichkeit. Da gibt es kein: „Erlaube mir zuvor ...“, da gibt es nur Gebot und Gehorsam.

Für den ersten Menschen, der ganz in dieser Wirklichkeit lebt, ist diese Anrede auf seine Möglichkeit – nämlich dem Worte Gottes nicht zu gehorchen – gleichbedeutend mit einem Angeredetwerden auf seine Freiheit, in der er Gott ganz gehört, und sie ist nur dadurch möglich, dass diese Möglichkeit des Ungehorsams gegen Gott eingehüllt ist in die Wirklichkeit seines „Für-Gott-Seins“. Nur weil die Frage so gestellt ist, dass Adam sie als eine neue Möglichkeit des „Für-Gott-Seins“ verstehen kann, kann sie für ihn zum „Wider-Gott-Sein“ führen. Die Möglichkeit des *eigenen* selbstgefundenen „Für-Gott-sein-Wollens“ ist das Urböse in der frommen Frage der Schlange. Es ist nun nicht ein Stück Dummheit, sondern geradezu der Gipfel der List der Schlange, dass sie in dieser Frage so derb übertreibt: Sollte Gott gesagt haben: Ihr sollt nicht essen von allerlei Bäumen im Garten? Damit hat sie von vornherein die Eva auf ihrer Seite, ja, sie zwingt sie geradezu zu dem Geständnis ... nein, das hat Gott natürlich nicht gesagt – und schon dieser Vorgang, dass Eva irgendetwas einschränken muss in Bezug auf ein – wenn auch falsch dargestelltes – Wort Gottes muss sie in höchste Verwirrung versetzen, ja, es muss sie zum ersten Mal den Reiz dieses Urteilens über das Wort Gottes verspüren lassen. Die Schlange wird mit dem offensichtlich Falschen nun auch das Richtige zu Fall bringen. – Seien wir vor solchen listigen Übertreibungen des Gebotes Gottes auf der Hut. In ihnen ist gewiss der Böse.

Auf die Frage der Schlange, die sich somit als *die* teuflische Frage *κατ' ἐξοχήν* [*kat' exochēn*[31]], *als die* Frage, die Gott seine Ehre rauben und den Menschen vom Worte Gottes abbringen will, herausgestellt hat, auf diese Frage, die unter dem Schein der Frömmigkeit Gott als die letzte Voraussetzung alles Daseins angreift, kann sich der Mensch nicht anders wehren als durch ein: *ἄπαγε Σατανᾶς* [*apage Satanas*[32]]. Evas Antwort hält sich noch auf der Ebene der Unwissenheit. Sie weiß nicht um das Böse, sie erkennt es nicht, sie vermag darum nichts anderes, als das gegebene Gebot einfach zu wiederholen und richtigzustellen. Und das ist viel; sie hält fest am Gebot. Aber sie lässt sich doch damit auf dieses kluge Gespräch ein. Es hat in ihr irgendwie gezündet. Aber noch ist die alte Ordnung intakt. Hinter Gottes Wort kann der Mensch nicht zurück. Der Baum der Erkenntnis und des Lebens bleiben unberührt.

Sicut deus[33] (3,4-5)

„Da sprach die Schlange zum Weibe: Ihr werdet mitnichten des Todes sterben, sondern Gott weiß, dass welches Tages ihr davon esset, so werden eure Augen aufgetan und werdet sein wie Gott und wissen, was gut und böse ist."

31 „Schlechthin", „in herausragender Weise" (Anm. d. Hg.).

32 Vgl. Mt 4,10; 16,23; Mk 8,33: „*ὕπαγε σατανᾶ*" [*hypage satana*], „Weg mit dir, Satan" (Anm. d. Hg.).

33 „Sein wie Gott" (Anm. d. Hg.).

Der erste Gesprächsgang ist vorüber. Aber die Antwort Evas schließt einen neuen Einsatz der Schlange nicht aus. So geht das Gespräch weiter – das erste Gespräch *über* Gott, das erste religiöse, theologische Gespräch. Nicht gemeinsame Anbetung, Anrufung Gottes, sondern Rede über Gott, über ihn hinweg. Sofern Eva sich auf dieses Gespräch eingelassen hat, kann nun die Schlange den eigentlichen Angriff wagen. Sie spricht über Gott, und zwar aus der Haltung eines tiefen Wissens der Geheimnisse Gottes, d. h., sie redet fromm. Aber diese Frömmigkeit demaskiert sich nun im offenen Angriff. *Sollte* Gott gesagt haben? ... ja, er *hat* gesagt ... aber *warum* hat er es gesagt? ... – Das ist der Fortgang des Gespräches. Aus Neid hat er es gesagt ... Gott ist kein guter, sondern ein böser, quälerischer Gott, sei klug, sei klüger als dein Gott und nimm, was er dir nicht gönnt ... er hat es gesagt, jawohl, du hast recht, Eva, aber er hat es gelogen, Gottes Wort ist Lüge ... denn: Ihr werdet mitnichten des Todes sterben ... Das ist die letzte Auflehnung, die möglich ist, dass die Lüge die Wahrheit als Lüge ausgibt. Das ist der Abgrund der Lüge, dass sie lebt, weil sie sich selbst als Wahrheit setzt und die Wahrheit als Lüge verurteilt. „Ihr werdet mitnichten des Todes sterben, sondern Gott weiß, dass welches Tages ihr davon esset, so werden eure Augen aufgetan und werdet sein wie Gott und wissen, was gut und böse ist.“ So hatte es ja der Schöpfer selbst gesagt, dass dieser Baum die Erkenntnis vermitteln würde, der Gegensatz besteht nur darin, dass der Schöpfer auf dieses Tun den Tod gesetzt hatte, dass die Schlange aber die Verheißung des *Sicut-deus*-Seins daran knüpft. Und um das erst später zu Sagende hier schon vorwegzunehmen: Das *Sicut-deus*-Werden des Menschen, das die Schlange verheißt, kann nichts anderes sein, als was der Schöpfer den Tod nennt. Es ist wahr, dass der Mensch *sicut deus* wird durch den Fall, aber eben dieser Mensch *sicut deus* kann nicht mehr leben, er ist tot. D. h. aber, die Schlange kann in all ihrem Versuch, die

Wahrheit Gottes als Lüge auszugeben, gar nicht dieser Wahrheit entweichen, sie *muss* vielmehr noch in ihrer Lüge dieser Wahrheit recht geben, auch sie redet vom Tod des Menschen, nur in anderer Gestalt. Aber davon später.

Hier stehen wir an dem letzten Punkt, auf den hin der biblische Autor den Menschen führt, bevor der Abgrund kommt und die unbegreifliche unendliche Kluft sich auftut. Die Reihe – vom Verbot Gottes über die Erschaffung des Weibes zur Frage der Schlange –, die sich im Kampf gegen den Baum des Lebens zusammenfindet, erreicht hier ihr Ende. Worin besteht die letzte Hinführung auf das Unbegreifliche? – Denn das sei hier noch einmal gesagt: Es kann sich ja keinesfalls um eine Hinführung auf das Begreifliche handeln, sondern ganz ausschließlich um eine Hinführung auf das Unbegreifliche; das Unbegreifliche soll gerade durch diese Hinführung in seiner ganzen Unbegreiflichkeit und Unentschuldbarkeit stehen gelassen werden.

„Ihr werdet mitnichten sterben" – „Ihr müsst des Todes sterben", in diesen beiden Sätzen klafft nunmehr für Adam die Welt auseinander. Satz steht gegen Satz. Das geht über seine Fassungskraft; denn wie sollte er wissen, was Lüge ist? Wahrheit gegen Wahrheit – Gotteswahrheit gegen Schlangenwahrheit. Gottes Wahrheit verbunden mit dem Verbot, die Schlangenwahrheit verbunden mit der Verheißung, Gottes Wahrheit auf meine Grenze weisend, die Schlangenwahrheit auf meine Grenzenlosigkeit weisend – beides Wahrheit, d. h. beides aus Gott herkommend, Gott gegen Gott. Und dieser zweite Gott zugleich der Gott der Verheißung an den Menschen, *sicut deus* zu sein. Gott gegen *Sicut-deus*-Mensch, Gott und *Imago-dei*[34]-Mensch gegen Gott und *Sicut-deus*-Mensch. *Imago dei* – der in seinem Sein für Gott und den Nächsten, in seiner urständlichen Geschöpflichkeit und

34 „Gottesebenbildlichkeit" (Anm. d. Hg.).

Begrenztheit gottebenbildliche Mensch, *sicut deus* – der in seinem Aus-sich-heraus-Wissen um gut und böse, in seiner Grenzenlosigkeit und seinem Aus-sich-Handeln, in seiner Aseität[35], in seinem Alleinsein gottgleiche Mensch; *imago dei* – gebunden ans Wort des Schöpfers und von ihm lebend, *sicut deus* – gebunden an die Tiefen des eigenen Wissens um Gott, um gut und böse; *imago dei* – das in der Einheit des Gehorsams lebende Geschöpf, *sicut deus* – der aus dem Zwiespalt von gut und böse lebende Schöpfermensch; *imago dei, sicut deus, agnus dei*[36] – der für den *sicut deus* zum Opfer gebrachte, sein falsches Gottsein im echten Gottsein tötende, die *imago dei* wiederherstellende Gottmensch.

Wie kann Adam die *Sicut-deus*-Verheißung der Schlange verstehen? Jedenfalls nicht als die teuflische Verheißung des Todes und der Empörung gegen den Schöpfer. Er, der um die Möglichkeit des Bösen in keiner Weise weiß, kann sie nicht anders verstehen denn als die Möglichkeit des Frömmerseins, des Gehorsamerseins, als er in seiner *Imago-dei*-Struktur ist. *Sicut deus* – das kann für Adam nur eine neue Möglichkeit innerhalb der gegebenen *Imago-dei*-Geschöpf-Möglichkeit sein, es kann nur eine neue tiefere Art seines Geschöpfseins bedeuten; *so* muss er die Schlange verstehen. Freilich, er sieht, dass die neue tiefere Art des Geschöpfseins erkauft werden muss durch die Übertretung des Gebotes. Und eben diese Tatsache muss ihn aufmerksam machen. Er ist wirklich *zwischen* Gott und Gott, besser zwischen Gott und Götze, wobei der Götze eben sich selbst als den wahren Gott ausgibt; aber was ist für ihn der Götze anderes als die Urmöglichkeit des Geschöpfseins selbst, was kann der Götze anderes, als ihn in seine Gebundenheit an den Schöpfer nur aufs Neue hi-

35 „Von-sich-selbst-Sein“, also sein Sein nicht empfangen zu haben (Anm. d. Hg.).

36 „Lamm Gottes“ (Anm. d. Hg.)

neinweisen, was kann diese Verheißung des *Sicut-deus*-Seins als einer tieferen Art des Für-Gott-Seins anderes als ihn umso fester an der gegebenen Wirklichkeit des Schöpfers und seines Wortes festhalten lassen? Was kann der Götze ihm anderes sein als der letzte tiefste Hinweis auf das allein wahre Wort Gottes, auf den Schöpfer Gott? Was ist der Götze dem Adam anderes als die letzte Gnade, in der Gott den Menschen an sich bindet? Was ist das fromme Gespräch der Eva mit der Schlange anderes als die endgültige Besiegelung des alleinigen Rechtes des Schöpfers über den Menschen? Wie kann also die Antwort der Eva etwas anderes sein als der nunmehr aus der *letzten Tiefe* ihrer Geschöpflichkeit und Freiheit für Gott und den Nächsten herausbrechende Lobpreis der unvergleichlichen unbegreiflichen Gnade des Schöpfers?

Der Fall (3,6)

> *„Und das Weib schaute an, dass von dem Baum gut zu essen wäre, und lieblich anzusehen, dass es ein lustiger Baum wäre, weil er klug mache, und nahm von der Frucht und aß und gab ihrem Manne auch davon, und er aß."*

Statt jeder Antwort, statt jedes weiteren Theologisierens mit der Schlange – die Tat. Wir fragen: Was ist geschehen? Zunächst dies: Die Mitte ist betreten, die Grenze ist überschritten, nun steht der Mensch in der Mitte, nun ist er ohne Grenze. Dass er in der Mitte steht, heißt, dass er nun aus sich selbst lebt und nicht mehr aus der Mitte heraus, dass er grenzenlos ist, heißt, dass er allein ist. In der Mitte sein und allein sein, das heißt *sicut deus* sein. Der Mensch ist *sicut deus*. Nun lebt er aus sich selbst, nun schafft er sein Leben selbst, ist er sein eigener Schöpfer, bedarf er des Schöpfers nicht mehr, ist er selbst Schöpfer geworden, sofern er sein eigenes Leben schafft. Damit ist seine Geschöpflichkeit für ihn erledigt, zerstört. Adam ist nicht mehr Geschöpf. Er hat sich seiner Geschöpflichkeit entrissen. Er *ist sicut deus* und dies „ist“ ist ganz ernst gemeint, nicht: Er fühlt sich so, sondern er ist es. Mit *der Grenze* verliert Adam *seine Geschöpflichkeit.* Der grenzenlose Adam ist auf seine Geschöpflichkeit hin nicht mehr anzureden. Damit sind wir bei einer zentralen Tatsache: Geschöpflichkeit und Fall verhalten sich nicht so zueinander, dass der Fall ein Akt der Geschöpflichkeit wäre, der die Geschöpflichkeit nicht aufzuheben, sondern höchstens zu modifizieren oder zu deteriorisieren[37] vermöchte, der Fall vielmehr macht *wirklich* aus dem Geschöpf – *Imago-dei*-Menschen – den *Sicut-deus*-Schöpfer-Menschen, und es besteht zunächst kein Recht mehr, diesen letzteren auf seine Geschöpflichkeit anzureden, es besteht auch keine Möglichkeit mehr, ihn in seiner Geschöpflichkeit zu erkennen, eben um seines realen *Sicut-deus*-Seins willen. Es kann von nun an keine menschliche Aussage über den Menschen gemacht werden, die ihn nicht in seinem *Sicut-deus*-Sein im Auge hätte, keine davon abstrahierende Aussage. Das hat seinen Grund darin, dass ja eine solche Aussage von jenseits des Menschen gemacht werden müsste, dass aber der grenzenlose Mensch kein Jenseits zulässt, aus dem heraus über ihn geredet werden könnte. Das *Sicut-deus*-Sein des Menschen schließt ja gerade sein Nicht-Geschöpf-sein-Wollen *ein.* Nur Gott selbst könnte den Menschen anders anreden, er könnte ihn auf seine nie aufzuhebende Geschöpflichkeit anreden und er tut das in Jesus Christus, im Kreuz, in der Kirche. Nur als die Wahrheit, die von Gott gesagt wird, und der wir um Gottes willen gegen alle unsere Erkenntnis der Wirklichkeit glauben, redet er von der Geschöpflichkeit des Menschen.

Worin besteht das *Sicut-deus*-Sein des Menschen? In sei-

37 „Verschlechtern“ (Anm. d. Hg.).

nem Versuch, selbst für Gott sein zu wollen, über eine neue Weise des „Für-Gott-Seins" zu verfügen, in einer besonderen Weise des Frommseins. Und zwar sollte dieses Frommsein darin bestehen, dass der Mensch hinter das gegebene Wort Gottes zurückgehend, sich seine eigene Erkenntnis Gottes verschafft; diese Möglichkeit des Wissens über Gott jenseits seines gegebenen Wortes ist sein *Sicut-deus*-Sein; denn woher sollte der Mensch dies Wissen nehmen, wenn nicht aus den Quellen seines eigenen Lebens und Seins, d. h. der Mensch verzichtet für sein Wissen um Gott auf das immer wieder aus der unbetretbaren Mitte und Grenze des Lebens auf ihn zukommende Wort Gottes, er verzichtet auf das Leben aus diesem Wort und reißt es an sich selbst. Er ist selbst in der Mitte. Es ist also Ungehorsam in Gestalt des Gehorsams, es ist Herrschenwollen in Gestalt des Dienstes, es ist Schöpferseinwollen in Gestalt der Geschöpflichkeit, es ist Totsein in Gestalt des Lebens. Wie ist es dahin gekommen? Diese Frage werden wir biblisch so beantworten, dass wir erstens die Reihe noch einmal aufweisen, die nun nachträglich als auf die Tat hinführend verstanden werden muss, dass wir zweitens auf die unendliche Kluft hinweisen, die zwischen dem Ende dieser Reihe und der Tat selbst liegt, dass wir drittens die Frage als solche richtigstellen, indem wir aus der spekulativen die theologische Frage gewinnen und beantworten.

I. Es ist grundsätzlich nie falsch, sich die einer bösen Tat vorangehende Reihe zu vergegenwärtigen; es liegt aber alles daran, dass diese Reihe nie für die Tat als solche verantwortlich gemacht wird, sondern dass diese Reihe gerade bis an den Punkt geführt wird, wo die Kluft sich auftut, wo es nun wirklich völlig unbegreiflich wird, wie das Böse getan werden konnte. Nur in diesem Dienst darf die Rückbeziehung auf die vorangegangene Reihe von Ereignissen stehen. Das dem Adam gegebene Verbot steht am Anfang dieser Reihe. Es wies den Adam hin auf seine Geschöpflichkeit und auf seine Freiheit, die allein als Freiheit für Gott verstanden werden konnte. So musste gerade dieses Verbot die Gnade des Schöpfers dem Adam nur noch sichtbarer machen. Aber eben dieses Angeredetsein auf die Geschöpflichkeit und Freiheit machte die Distanz von Schöpfer und Geschöpf deutlicher und musste also zugleich auf das eigene Sein des Geschöpfes verstärkt hinweisen. Dieses eigene Sein des Geschöpfes erfährt nun für die Erkenntnis des Adam eine ganz ungeahnte Steigerung in der Erschaffung des Weibes aus der Rippe des Adam. Die Grenze, innerhalb derer er lebt, hat nun leibliche Gestalt angenommen, freilich so, dass er diese Gestalt des anderen Menschen selbst liebt, aber doch auch so, dass er in ihr ein Stück von sich selbst weiß, sodass sie ihn auf sein Anrecht, also wieder auf sein eigenes Sein aufmerksam macht. Die Grenze des Menschen ist ihm näher gerückt, darum aber umso schärfer geworden. Aber gerade diese leibliche Offenbarung der Grenze in der Liebe zum anderen Menschen musste dem Adam die Erkenntnis der Schöpfergnade immer tiefer gelingen lassen. Mit der Erschaffung des Weibes ist die Grenze des Menschen mitten in die Schöpfungswelt hineingetreten. Damit war zwar die Gefahr ihrer Überschreitung nicht größer, im Gegenteil geringer, denn Adam musste nun umso inniger Gott als seinen alleinigen Schöpfer anbeten, aber es ist klar, dass für den Fall der Überschreitung der Grenze gegen den Schöpfer die Überschreitung der Grenze innerhalb der Schöpfung damit zusammenfallen müsse. Jede Überschreitung der Grenze musste zugleich die Antastung der Geschöpflichkeit des anderen Menschen bedeuten. Das Sichvergreifen am Baum der Erkenntnis musste zugleich ein Sichvergreifen am anderen Menschen werden. Aber wie sollte dort von Gefahr geredet werden, wo die ungebrochene Einheit des Gehorsams jeden Gedanken der Überschreitbarkeit der gegebenen Grenze unmöglich machen musste, wo man um die Grenze nur als um die Gnade wusste?

Hierzu kommt nun das Letzte: dass der Mensch darauf aufmerksam gemacht war, dass sein Gehorsam und der Gegenstand seines Gehorsams zwei sehr verschiedene Dinge sind, dass er seinen Gehorsam doch gar nicht notwendig durch diesen Gegenstand bestimmen lassen musste, sein Gehorsam gegen Gott nicht im Nichtessen der Frucht bestehen müsse. D. h. dass nun seine Freiheit im ungebrochenen Gehorsam *neben* seiner Geschöpflichkeit ihm zu besonderem Bewusstsein gebracht, ja dass seine Freiheit seiner Geschöpflichkeit als ein Zweites, anderes gegenüber gestellt wird. Und doch nur in der Form, dass seine Freiheit mit zu seiner Geschöpflichkeit gehöre, d. h. dass ihr Gebrauch nichts als Dienst, sein Dienst an Gott sei. Der Mensch weiß hier in letzter Klarheit um sich selbst vor Gott. Und wiederum fragen wir: Warum bricht nun hier nicht ein nie mehr enden wollender und könnender Jubel, Dank, Lobpreis auf den Schöpfer aus der Welt der Schöpfung hervor? Warum ist das nicht neue Kraft zu neuem Gehorsam? Eva fällt zuerst. Sie fällt als die Schwächere, als die teilweise vom Manne genommene. Aber sie fällt ohne Entschuldigung, sie ist ganz sie selbst. Und doch ist das Ziel der Geschichte der Fall Adams. Erst durch Adams Fall fällt Eva ganz, denn die zwei sind ja eines. Adam fällt durch Eva, Eva fällt durch Adam; die zwei sind eines; sie sind zwei und doch eines auch in der Schuld. Sie fallen zusammen als Einer und tragen die ganze Schuld jeder allein. Er schuf den Menschen, ein Mann und ein Weib – und der Mensch fiel ab von ihm, ein Mann und ein Weib.

Wie konnte es kommen, dass Adam nicht auch in der Tat Evas wieder den letzten Hinweis auf seinen Schöpfer sah? Er konnte ja nicht begreifen, was Eva getan hatte. Er konnte doch auch dies nur als unendliche Verstärkung des Wortes der Schlange begreifen, die ihn auf seine Geschöpflichkeit und Freiheit für Gott hinwies. „Und er aß."

II. Dreierlei ist zu konstatieren: *erstens,* die Unbegreiflichkeit der Tat und daher ihre Unentschuldbarkeit. Weder in der Natur des Menschen, noch in der der Schöpfung, noch in der der Schlange ist der Grund für dieses Geschehen aufzudecken. Keine Theorie vom *posse peccare* oder vom *non posse peccare*[38] vermag die Tatsächlichkeit der Tat zu begreifen. Jeder Versuch der Begreiflichmachung ist immer nur die Anklage, die das Geschöpf gegen den Schöpfer schleudert. *Zweitens* aber ist diese Tat vom Menschen her gesehen endgültig, unaufhebbar. Sonst könnte Adam sich selbst von der Schuld lösen. Dann aber wäre Schuld nicht Schuld und Christus umsonst gestorben. *Drittens* ist diese Tat des Menschen, den Gott schuf als Mann und Weib, Tat der Menschheit, aus der sich kein Mensch lösen kann. Und der Schuldcharakter der Tat vertieft sich dadurch ins Unermessliche, dass nicht jeder für sich die Tat tut, sondern dass jeder an der Tat des anderen schuld ist. Adam fällt durch Eva, Eva durch Adam. Aber nicht so, dass ich vom anderen somit entlastet würde, sondern vielmehr, dass mich der Andere mit seiner Schuld unendlich belastet.

Weil aber der Fall des Menschen in der Schöpfung Gottes sowohl unbegreiflich wie endgültig-unentschuldbar ist, darum erschöpft hier das Wort *Ungehorsam* nicht den Sachverhalt. Es ist die Empörung, es ist das Heraustreten des Geschöpfes aus seiner ihm allein möglichen Haltung, es ist das Schöpferwerden des Geschöpfes, es ist die Zerstörung der Geschöpflichkeit, es ist der Abfall, der Sturz aus dem Gehaltensein in der Geschöpflichkeit, und es ist dieser Abfall als ein *dauerndes* Fallen, *Stürzen* ins Bodenlose, ein Losgelassensein, ein immer weiter und tiefer Sich-entfernen. Und es ist eben in all dem nicht einfach ein *ethischer Fehltritt*, sondern es ist die Zerstörung der Schöpfung durch das Geschöpf. D. h. das Ausmaß dieses Falles ergreift die ganze ge-

38 „Sündigen können“ bzw. „nicht sündigen können“ (Anm. d. Hg.).

schaffene Welt, der nunmehr die Geschöpflichkeit geraubt ist, indem sie wie ein Meteor, der sich vom Kern losgerissen hat, in den unendlichen Raum blindlings hineinstürzt. Von dieser gefallenen-fallenden Welt müssen wir nun reden.

Die Frage nach dem Warum des Bösen ist keine theologische Frage, denn sie setzt eine Möglichkeit des Zurückgehens hinter die uns aufgezwungene Existenz als Sünder voraus. Könnten wir das Warum beantworten, so wären *wir* nicht Sünder. Wir könnten etwas anderes verantwortlich machen. Also die „Warum-Frage" kann immer nur beantwortet werden mit dem „dass", das den Menschen ganz belastet.

Die theologische Frage richtet sich nicht auf den Ursprung des Bösen, sondern auf die reale Überwindung des Bösen am Kreuz, sie fragt nach der Vergebung der Schuld, nach der Versöhnung der gefallenen Welt.

Das Neue (3,7)

> *„Da wurden ihrer beider Augen aufgetan und sie wurden gewahr, dass sie nackt seien, da nähten sie Feigenblätter zusammen und machten sich einen Schurz."*

„Das Ende der Wege Gottes ist die Leiblichkeit." Es heißt nicht: Da wurden sie wissend und erkannten, was gut und böse ist, sondern da wurden ihre *Augen* aufgetan und sie sahen, dass sie nackt waren. Ist nun von hier aus die ganze Geschichte wirklich doch so zu verstehen, dass es sich in ihr um die Frage nach dem Ursprung der Liebe von Mann und Weib handelt, dass das Essen vom Baum der Erkenntnis die große, stolze, befreiende Tat des Menschen gewesen ist, durch die er sich das Recht der Liebe und des Lebenschaffens selbst erobert hätte?

War das Wissen um gut und böse wesentlich das neue Wissen des zum Mann gewordenen Knaben? War es letztlich der einzige Fehler des Adam, dass er nicht gleich vom Baum der Erkenntnis durchgestürmt war zum Baum des Lebens, um auch von seiner Frucht zu essen? Es ist an all dem dies richtig, dass es hier ganz wesentlich um das Problem des Geschlechtlichen geht. Das Wissen um gut und böse ist für Adam, der in der Einheit lebt, das unmögliche Wissen um die Zweiheit, um die Zerrissenheit des Ganzen, und der umfassende Ausdruck dieser Zweiheit ist das *tob* und *ra*, für unsere Sprache: lustvoll-gut; leidvoll-bös. Und gerade dieses Ineinander von lustvoll und gut nimmt der moralisierenden Auslegung jedes Gewicht. Das Lustvolle hat in der gespaltenen gefallenen Welt letztlich denselben Ernst wie das „Gute", sofern beides gleichermaßen aus der ursprünglichen Einheit herausgefallen ist. Beides besteht nur in der Zweiheit und findet den Weg zur Einheit nicht zurück.

Diese Entzweiung in *tob* und *ra* muss sich zuerst in dem Verhältnis des Adam zur Eva ausdrücken. Eva, der andere Mensch, war die dem Adam in leiblicher Gestalt gegebene Grenze, die er in der Liebe, d. h. in der ungeteilten Einheit seiner Hingabe anerkannte und die er gerade in ihrer Grenzhaftigkeit, d. h. in ihrem Menschsein und doch „Ein-anderer-Mensch-Sein" liebte. Nun, da er die Grenze überschritten hat, d. h., da er erst weiß, dass er begrenzt war, d. h., nun da er die Grenze nicht mehr als Gottes Schöpfergnade hinnimmt, sondern als Gottes Schöpferneid hasst, nun hat er in demselben Akt die Grenze, die der andere Mensch ihm verleiblichte, überschritten; nun sieht er auch die Grenze des anderen Menschen nicht mehr als Gnade, sondern er sieht sie als Gottes Zorn, Gottes Hass, Gottes Neid, d. h., er sieht den anderen nicht mehr in der Liebe, sondern er sieht ihn in dem ihm Gegenübersein, er sieht ihn in der Entzweiung. Die Grenze ist jetzt nicht mehr die den Menschen in der Einheit seiner geschöpflichen und freien Liebe haltende Gnade, sondern die Grenze ist nun die Entzweiung. Mann und Weib sind entzweit. Das bedeutet ein Doppeltes: Erstens, dass der Mann sich auf seinen Anteil an dem Leib des Weibes beruft, allgemeiner, dass der eine Mensch sich auf sein Anrecht am anderen beruft und den Anspruch auf den Besitz des anderen erhebt und eben hiermit die Geschöpflichkeit des anderen verneint, zerstört. Diese Sucht des Menschen nach dem anderen Menschen findet ihren ursprünglichen Ausdruck in der Sexualität. Die Sexualität des seine Grenze überschreitenden Menschen ist das Nichtanerkennenwollen irgendeiner Grenze, ist die maßlose Sucht, grenzenlos zu sein. Sexualität ist *leidenschaftlicher* Hass jeder Grenze, ist Unsachlichkeit im höchsten Ausmaß, ist Ichwille, ist süchtiger, ohnmächtiger Wille zur Einheit in der entzweiten Welt. Süchtig um des Wissens um das gemeinsame *Menschsein* willen vom Ursprung an, ohnmächtig, weil der Mensch mit seiner Grenze den anderen Menschen endgültig verloren hat. Sexualität will die Vernichtung des anderen Menschen als Geschöpf, raubt ihm seine Geschöpflichkeit, vergreift sich an ihm als an seiner Grenze, hasst die Gnade; und in dieser Vernichtung des anderen soll das eigene Leben sich erhalten, sich fortpflanzen, im Vernichten ist der Mensch schöpferisch, in der Sexualität erhält sich das Menschengeschlecht in seiner Vernichtung. Ungezügelte wie unschöpferische Sexualität ist darum Vernichtung *κατ' ἐξοχήν* [*kat' exochēn*][39], ist darum irrsinnige Beschleunigung des Fallens, des Stürzens, ist Sich-selbst-Bejahen bis zur Selbstvernichtung. Sucht und Hass, *tob* und *ra* – das ist die Frucht des Baumes der Erkenntnis.

Aus dieser Entzweiung aber folgt nun zweitens: das Sichverhüllen des Menschen. Der grenzenlose, der hassende, der süchtige Mensch zeigt sich nicht in seiner Nacktheit. Nacktheit ist das Wesen der Einheit, der Unzerrissenheit, des Für-

39 „Schlechthin", „in herausragender Weise" (Anm. d. Hg.).

den-anderen-Seins, der Sachlichkeit, des Anerkennens des anderen in seinem Recht, in seinem Mich-Begrenzen, in seiner Geschöpflichkeit, des Nichtwissens um die Möglichkeit, dem anderen dieses Recht zu rauben. Nacktheit ist Offenbarung, Nacktheit glaubt an die Gnade. Nacktheit weiß nicht um ihr Nacktsein, wie das Auge sich selbst nicht sieht, nicht um sich selbst weiß, Nacktheit ist Unschuld. Verhüllung ist das Wesen der in *tob* und *ra* zerspaltenen Welt; darum muss auch die Offenbarung in der Welt des *tob* und *ra* sich verhüllen. Es ist nun aber das der tiefste Widerspruch der Sache selbst, dass der grenzenlos gewordene Mensch, indem er sich verhüllt, indem er Scham empfindet, doch ohne es zu wollen hinweisen muss auf seine Grenze; dass der Mensch in der Scham seine Grenze anerkennt. Es ist die eigentümliche Dialektik der zerrissenen Welt, dass der Mensch darin als der grenzenlose, also als der Eine, doch immer im Hass gegen die Grenze, also als der entzweite, lebt, dass er sich als der Nackte schämt. Die Scham des Menschen ist der widerwillige Hinweis auf die Offenbarung, auf die Grenze, auf den anderen, auf Gott. Darum ist die Bewahrung der Scham in der gefallenen Welt die einzige – wenn auch höchst widerspruchsvolle – Möglichkeit des Hinweises auf die ursprüngliche Nacktheit und der Heiligung dieser Nacktheit; nicht weil die Scham an sich etwas Gutes wäre – das ist die moralistisch puritanische, ganz unbiblische Auffassung –, sondern weil sie widerwillig Zeugnis geben muss vom eigenen Abgefallensein.

Wenn die kirchliche Dogmatik das Wesen der Erbsünde in der Sexualität sah, so ist das nicht so unsinnig, wie man von einem moralistischen Naturalismus her protestantischerseits oft gesagt hat. Das Wissen um *tob* und *ra* ist ursprünglich nicht abstrakte Erkenntnis ethischer Prinzipien, sondern Sexualität, d. h. Verkehrung des Verhältnisses von Mensch zu Mensch. Und da nun das Wesen der Sexualität darin besteht, in der Vernichtung schöpferisch zu sein, so ist eben in der Fortzeugung das dunkle Geheimnis des erbsündlichen Wesens des Menschen von Geschlecht zu Geschlecht aufbewahrt. Die Einrede, die sich auf die Natürlichkeit der Sexualität beruft, ist sich eben des höchst zweideutigen Charakters alles sogenannten „Natürlichen“ in unserer Welt nicht bewusst. Die Heiligung der Sexualität ist gegeben in ihrer Bändigung durch die Scham, d. h. durch die Verhüllung und durch die Berufung der gebändigten Gemeinschaft der Ehe zur Kirche. Der tiefste Grund dafür ist, dass der Mensch seine Geschöpflichkeit verloren hat, sie ist verderbt in seinem *Sicut-deus*-Sein. Die ganze geschöpfliche Welt ist nun verhüllt, d. h. sie ist stumm und ungedeutet, undurchsichtig und rätselhaft. Die Welt des Menschen *sicut deus* schämt sich mit ihm, sie verbirgt sich seinem Blick.

Die Flucht (3,8-13)

„Und sie hörten die Tritte Jahwes Gottes, der im Garten ging, da der Tag kühl geworden war. Und Adam versteckte sich mit seinem Weibe vor dem Angesicht Jahwes Gottes unter die Bäume im Garten. Und Jahwe Gott rief Adam und sprach zu ihm: Wo bist du? Und er sprach: Ich hörte deine Tritte im Garten und fürchtete mich; denn ich bin nackt, darum versteckte ich mich. Und er sprach: Wer hat dir's gesagt, dass du nackt bist? Hast du nicht gegessen von dem Baum, davon ich dir gebot, du solltest nicht davon essen? Da sprach Adam: Das Weib, das du mir zugesellt hast, gab mir von dem Baum, und ich aß. Da sprach Jahwe Gott zum Weibe: Warum hast du das getan? Das Weib sprach: Die Schlange betrog mich also, dass ich aß.“

Der um *tob* und *ra* wissende, der aus der Einheit in die Entzweiung gestürzte Adam kann nicht mehr vor seinem Schöpfer stehen. Er hat die Grenze überschritten, und er hasst nun seine Grenze, ja er leugnet sie ab, er ist *sicut deus* – grenzenlos. Aber wie er in der Scham die Grenze des anderen widerwillig anerkennen muss, so gibt er Gott, seinem Schöpfer, widerwillig darin recht, dass er vor ihm flieht, dass er sich vor ihm verbirgt. Er tritt ihm nicht frech gegenüber, sondern als er seine Stimme hört, verbirgt er sich vor ihm. Merkwürdige Täuschung des Adam damals und heute, zu meinen, sich vor Gott verbergen zu können, als ob die Welt dort, wo sie uns verhüllt, verborgen, undurchsichtig erscheint, nachdem wir mit ihr zerfallen sind, auch für Gott undurchsichtig wäre! Der Mensch, der in jähem Sturz von Gott abgefallen ist, ist nun selbst noch auf der Flucht. Ihm ist der Sturz nicht genug, er kann nicht schnell genug fliehen. Diese Flucht, dieses sich vor Gott Verbergen des Adams nennen wir das Gewissen. Vor dem Fall gab es kein Gewissen. Erst durch die Entzweiung mit dem Schöpfer ist der Mensch in sich selbst entzweit. Und zwar ist dies die Funktion des Gewissens, den Menschen in die Flucht vor Gott zu jagen, um damit im Grund wider Willen Gott recht zu geben, und doch andererseits auf dieser Flucht den Menschen sich gesichert fühlen zu lassen im Versteck, d. h. den Menschen darüber zu täuschen, dass er sich wirklich auf der Flucht befindet, ihn vielmehr glauben zu lassen, diese Flucht sei sein Siegeszug, und alle Welt befände sich vor ihm auf der Flucht. Das Gewissen treibt den Menschen von Gott weg in das gesicherte Versteck. Hier in der Gottesferne spielt er dann selbst den Richter und weicht eben hierdurch dem Gericht Gottes aus. Der Mensch lebt nun wirklich aus seinem eigenen Guten und Bösen, aus seiner innersten Entzweiung mit sich selbst. Das Gewissen ist die Scham vor Gott, in der zugleich die eigene Bosheit verborgen wird, in der der Mensch sich selbst rechtfertigt und in der doch andererseits zugleich der Hinweis auf den anderen wider Willen enthalten ist. Das Gewissen ist nicht die Stimme Gottes im sündigen Menschen, sondern gerade die Abwehr gegen diese Stimme, die aber eben als Abwehr doch wiederum wider Wissen und Wollen auf die Stimme hinweist. Adam, wo bist du? ... Mit diesem Wort des Schöpfers wird der flüchtende Adam aus seinem Gewissen herausgerufen, er muss vor seinem Schöpfer stehen. Der Mensch darf in seiner Sünde nicht allein bleiben, Gott redet zu ihm, er hält ihn auf der Flucht auf. Heraus aus deinem Versteck, aus deinen Selbstvorwürfen, aus deiner Verhüllung, aus deiner Heimlichkeit, aus deiner Selbstquälerei, aus deiner eitlen Reue, bekenne dich zu dir selbst, verliere dich nicht in frommer Verzweiflung, sei du selbst, Adam, wo bist du? Steh vor deinem Schöpfer. Dieser Anruf geht stracks gegen das Gewissen, das Gewissen sagt: Adam, du bist nackt, verbirg dich vor dem Schöpfer, du darfst nicht vor ihm stehen. Gott sagt: Adam, steh vor mir. Gott tötet das Gewissen. Der fliehende Adam muss erkennen, dass er vor seinem Schöpfer nicht fliehen kann. Der Traum, den wir alle kennen, dass wir vor etwas Entsetzlichem fliehen wollen und doch nicht fliehen können, ist die dem Unterbewusstsein immer wieder entsteigende Erkenntnis dieser wahren Lage des abgefallenen Menschen. Derselbe Sachverhalt ist nun in der Antwort des Adam ausgedrückt: Ich bin nackt, darum versteckte ich mich. Er versucht sich mit etwas zu entschuldigen, das ihn anklagt, er versucht weiter zu fliehen und weiß sich doch schon ergriffen. Ich bin sündig, ich kann nicht vor dir stehen; als ob man sich mit der Sünde entschuldigen könnte, unbegreifliche Torheit des Menschen, gerade weil du Sünder bist, stehe vor mir und fliehe nicht. Aber noch hält Adam nicht stand: Das Weib, das Du mir zugesellt hast, gab mir von dem Baum, und ich aß. Er bekennt seine Sünde, aber indem er sie bekennt, ergreift er schon wieder die Flucht. Du hast mir das Weib gegeben, nicht ich, ich habe keine Schuld, du hast Schuld. Das Zwielicht von Schöpfung und Sünde wird ausgenutzt.

Das Weib war doch dein Geschöpf, es ist dein eigenes Werk, das mich zu Fall brachte, warum hast du eine unvollkommene Schöpfung hervorgebracht, was kann ich dafür? Also statt sich zu stellen, greift Adam auf jene von der Schlange erlernte Kunst zurück, die Gedanken Gottes zu korrigieren, von dem Schöpfer Gott an einen besseren, anderen Gott zu appellieren, d. h. eben, er entweicht abermals. Mit ihm ergreift das Weib die Flucht und weist auf die Schlange hin, d. h. eigentlich auf den Schöpfer der Schlange selbst. Adam hat sich nicht gestellt, hat nicht bekannt, er hat sich auf sein Gewissen, auf sein Wissen um Gut und Böse berufen und von diesem Wissen aus seinen Schöpfer angeklagt. Er hat die Gnade des Schöpfers nicht erkannt, die sich gerade darin erweist, dass er ihn anruft, dass er ihn nicht fliehen lässt, sondern er sieht diese Gnade nur als Hass, als Zorn, und an diesem Zorn entzündet sich sein eigener Hass, seine Empörung, sein Wille, ihm zu entgehen. Adam bleibt im Fallen. Der Fall beschleunigt sich ins Unermessliche.

Fluch und Verheißung (3,14-19)

„Da sprach Jahwe Gott zu der Schlange: Weil du solches getan hast, seist du verflucht unter allem Vieh und unter allen Tieren auf dem Felde. Auf deinem Bauche sollst du kriechen und Erde essen dein Leben lang. Und ich will Feindschaft setzen zwischen dir und dem Weibe und zwischen deinem Samen und ihrem Samen. Derselbe soll dir den Kopf zertreten, und du wirst ihn in die Ferse stechen. Und zum Weibe sprach er: Ich will dir viel Schmerzen schaffen, wenn du schwanger wirst; du sollst mit Schmerzen Kinder gebären; und dein Verlangen soll nach deinem Mann sein, und er soll dein Herr sein. Und zu Adam sprach er: Dieweil du gehorchet hast der Stimme deines Weibes und gegessen

von dem Baum, davon ich dir gebot und sprach: Du sollst nicht davon essen, – verflucht sei der Acker um deinetwillen, mit Mühsal sollst du dich darauf nähren, dein Leben lang. Dornen und Disteln soll er dir tragen, und sollst das Kraut auf dem Felde essen. Im Schweiße deines Angesichts sollst du dein Brot essen, bis dass du wieder zu Staub werdest, davon du genommen bist. Denn du bist Staub und sollst zu Staub werden."

Wir kommen zum Ende. Zu dem gefallenen, unversöhnten, flüchtigen Adam redet Gott in Fluch und Verheißung. In einer Welt zwischen Fluch und Verheißung wird Adam am Leben erhalten, und die letzte Verheißung ist das Zurückkehrendürfen zur Erde, von der Adam genommen ist, ist das Sterbendürfen. Das Paradies ist zerstört. „Weh, weh, du hast sie zerstört, die schöne Welt, mit mächtiger Faust, sie stürzt, sie zerfällt … Mächtiger der Erdensöhne, Prächtiger baue sie wieder, in deinem Busen baue sie auf!"[40] Gerade dies letzte gilt hier nicht.

Vielmehr heißt es: Nun lebe in dieser zerstörten Welt, ihr kannst du nicht entfliehen, lebe in ihr zwischen Fluch und Verheißung. In vier großen Gedanken sind der Fluch und die Verheißung über das Leben des gefallenen Adam ausgesprochen: die Feindschaft mit der Schlange, die Not der Geburt, die Mühsal der Arbeit, der Tod. Fluch und Verheißung erstrecken sich auf dieselbe Sache. Fluch – das ist die Bejahung der zerstörten Welt durch den Schöpfer; dass der Mensch in der gefallenen Welt leben *muss*, dass der Mensch seinen Willen bekommt, dass er als der *sicut deus* in seiner *Sicut-deus*-Welt leben muss, das ist der *Fluch;* dass er ihn ihr leben *darf*, dass er in ihr nicht des Wortes Gottes, und sei es auch des zornigen, verstoßenden, verfluchenden Gottes entbehrt,

40 Goethe, Faust I, Geisterchor, V. 1607-1611, 1617-1621 (Anm. d. Hg.).

das ist die *Verheißung;* so lebt Adam zwischen Fluch und Verheißung.

Fluch und Verheißung ist zuerst die ewige Feindschaft, in die der Mensch gegen die Schlange, gegen die Macht der frommen Gottlosigkeit gestellt ist. Der Mensch in der zerstörten Welt, zwischen Gottes Fluch und Verheißung, ist der angefochtene Mensch. Nicht in Frieden und Ruhe hat er das Wort Gottes, sondern er vernimmt es immer wieder in der Entstellung der frommen Frage; nicht in Frieden, sondern in Feindschaft und Kampf hält er sich zu Gott. Aber in diesem Fluchesschicksal ist die Verheißung, des immer neu zu erkämpfenden Sieges gegeben, in dem der Mensch der Schlange den Kopf zertritt; freilich auch er bleibt in diesem Kampf zurück als Verwundeter, als einer, den die besiegte Schlange noch in die Ferse sticht. Der Kampf um das Wort Gottes zeichnet ihn mit Narben. Kein Heros, sondern ein in den Kampf verbissener, immer neu siegender und immer neu Verletzter soll der Mensch sein und mit ihm sein ganzes Geschlecht. In diesem Kampf, den er als Fluch und als Verheißung auf sich nimmt und durchkämpft, darf der Mensch leben.

Das Neue, das der Baum der Erkenntnis über Adam und Eva gebracht hat, war die Scham und die Sucht. Das sichtbare Zeichen für diese Entzweiung der ursprünglichen Einheit, für die innerste Zerrissenheit der Gemeinschaft von Mann und Weib ist die Not, die das Weib als die Frucht der süchtigen Gemeinschaft mit dem Mann davonträgt. Mit dem Neuen, mit der Lust der Sucht ist der Schmerz unlöslich verbunden. *Tob* und *ra*, Lustvolles und Leidvolles, treten verbrüdert in das menschliche Leben hinein. Das Wissen um das Leid steigert die Lust und das Wissen um die Lust steigert das Leid. Es ist die Demütigung des Weibes, dass sie mit Schmerzen gebären muss, dass sie Verlangen haben muss nach dem Mann und ihm doch mit Schmerzen dienen muss. Sie hat ihren Willen bekommen, in ihrem *Sicut-deus*-Sein darf sie dem Adam gehören, aber eben dieses Gehören ist nun Fluch und Verheißung in einem. Das neue *Sicut-deus*-Wissen des Menschen um *tob* und *ra* muss er voll auskosten; aber indem er das tut, darf er leben, *lebt* er in der zerstörten Welt vor Gott, zwischen Gottes Fluch und Verheißung.

In der Feindschaft gegen die Schlange ist das *Gottesverhältnis* des Menschen unter das Gesetz von *tob* und *ra*, von Fluch und Verheißung, unter die Entzweiung getreten, in dem Schicksal des Weibes ist von Fluch und Verheißung, *tob* und *ra* in der *Gemeinschaft* von Mann und Weib geredet und nun ist drittens in dem an Adam gerichteten Wort die Zerstörung und Entzweiung des ursprünglichen Verhältnisses von Mensch und *Natur* ausgesprochen. Der Acker, nach dessen Frucht Adam bisher nur mühelos zu greifen hatte, der ihm brachte, was er brauchte, der Boden, die Erde, das Land, sie werden um der Tat Adams willen verflucht; sie werden Adams Sorge, Not, Mühsal, Feind. Gegen den *Sicut-deus*-Menschen, das Geschöpf, das meint, aus sich selbst heraus leben zu können, erhebt sich die andere Kreatur, sie versagt sich ihm, sie entzieht sich ihm, sie wird ihm stumm, rätselhaft, unfruchtbar. Aber als die Kreatur, die dem Menschen unterworfen war, entzweit sie sich mit dem Fall des Menschen selbst, sie ist herrenlose und darum sich selbst empörende und verzweifelte Natur, Natur unter dem Fluch, verfluchter Acker. Das ist unsere Erde, verflucht aus ihrer Schöpfungsherrlichkeit heraus, aus der eindeutigen Unmittelbarkeit ihrer Sprache und ihres Lobpreises des Schöpfers verworfen in die Zweideutigkeit des schlechthin Fremden, Rätselhaften. Der Baum, das Tier, die einst unmittelbar Gottes Schöpferwort darstellten, weisen nun in oft grotesker Weise auf die Unbegreiflichkeit, die Willkür eines im Dunklen verborgenen Despoten. So wird die *Arbeit* des Mannes auf dem verfluchten Acker zum Ausdruck der Entzweiung des gefallenen Menschen mit der Natur, d.h., sie steht unter dem Fluch, und doch zugleich zum Ausdruck eines süchtigen Heimwehs nach der ursprünglichen Einheit, d.h., die Arbeit steht unter der Verheißung, dass der Mensch noch mit der Natur, der er entnommen ist, der er brüderlich zugehört, zusammenleben darf. So wird die Frucht des Ackers zum Brot, das man mit Tränen isst, und doch auch zum Gnadenbrot des Erhalters, der den Menschen auf dem verfluchten Acker noch leben lässt, den Menschen, der seiner Mutter, der Erde, auch wenn sie unter Gottes Fluch steht, treu bleibt. In der Arbeit lebt der Mensch zwischen Fluch und Verheißung, zwischen *tob* und *ra*, Lust und Leid, aber er lebt vor Gott, dem Schöpfer.

Das ist veränderte, zerstörte Welt, dass der Mensch nun in der Entzweiung mit Gott, mit dem anderen Menschen, mit der Natur nicht leben kann, dass er aber in dieser Entzweiung von *tob* und *ra* doch auch nicht *ohne Gott,* ohne den anderen Menschen, ohne die Natur leben kann, dass er zwar in der Welt des Fluches lebt, aber dass diese Welt, eben weil es *Gottes* Fluch ist, der auf ihr lastet, nicht gänzlich von Gott verlassene Welt ist, sondern in Gottes Fluch gesegnete, in Feindschaft, Schmerz und Arbeit befriedete Welt *der Erhaltung des Lebens.* Erhaltung wofür? Zu welchem Ende? V. 19 sagt es unmissverständlich: „Bis dass du wieder zur Erde wirst, davon du genommen bist. Denn von Erde bist du genommen und zu Erde sollst du wieder werden.“ Der gefallene Adam lebt auf seinen Tod hin. Sein Leben ist aufs Sterben hin erhaltenes Leben. Warum? Weil Adam als *Sicut-deus*-Mensch mit der Frucht des Baumes der Erkenntnis den Tod in sich hineingegessen hat. Adam ist tot, bevor er stirbt. Die Schlange hat recht gehabt: Ihr werdet sein wie Gott, ihr werdet mitnichten des Todes sterben, nämlich den Tod des Nicht-mehr-Seins; aber auch der Schöpfer hat recht: Welches Tages ihr davon esset, sollt ihr des Todes sterben, nämlich den Tod des *Sicut-deus*-Seins. Blicken wir nur hinein in dieses unerhörte Zwielicht: die Schlange, die mit ihrer Lüge, durch die sie den Menschen zu Fall bringt, die Wahrheit Gottes sagen muss. Der *Sicut-deus*-Mensch ist tot, denn er hat sich vom Baum des Lebens abgeschnitten, er lebt aus sich selbst und kann doch nicht leben. Er muss leben und kann doch nicht leben. Das heißt tot sein.

Aber nun wird die Feindschaft gegen die Schlange, die schmerzvolle Gemeinschaft von Mann und Weib, der verfluchte Acker zur göttlichen Erbarmung über das Nichtlebenkönnen im Zwiespalt. Der Mensch kann nur als so im Zwiespalt Erhaltener leben; aber leben nur auf den Tod hin. Er kann dem Leben nicht entfliehen. Aber dem so in der barmherzigen Erhaltung lebenden Menschen ist nun der Tod, der als letzter furchtbarster Fluch auf dem Menschen lastet, dies Zurückkehrenmüssen zum Staub, eine Verheißung des gnädigen Gottes. Dieser Tod des Staubwerdens muss ja von Adam als der Tod seines jetzigen Totseins, seines *Sicut-deus*-Seins verstanden werden. Tod des Todes – das ist der Verheißungscharakter dieses Fluches. Als Zurücksinken in das Nichts, aus dem Gott die Welt schuf, versteht ihn Adam. Das Nichts ist ihm die letzte Verheißung, das Nichts als des Todes Tod. Darum sieht Adam sein Leben erhalten auf das Nichts. Wie sollte der aus dem Glauben gefallene Adam auch wissen, dass des Todes wirklicher Tod niemals das Nichts, sondern allein der lebendige Gott ist, dass es dies Nichts ja eben gerade nicht gibt, dass die Verheißung vom Tode des Todes nie das Nichts, sondern allein das Leben, Christus selbst meint? Wie sollte Adam wissen, dass in dieser Verheißung des Todes bereits vom Ende des Todes, von der Auferstehung der Toten geredet war? Wie konnte Adam hören, dass in dem Frieden des Todes, des Zurückkehrens zur Mutter Erde bereits der Friede angezeigt ist, den Gott noch einmal mit der Erde schließen will, der Friede, den er über einer neuen gesegneten Erde der Auferstehungswelt aufrichten will?

Die Mutter alles Lebendigen (3,20)

„Und Adam hieß sein Weib Eva, darum dass sie eine Mutter ist alles Lebendigen.“

Es ist wilder Jubel, Trotz, Übermut und Sieg, wenn Adam nun seinem Weib, über das eben dieser Fluch ergangen ist, den Namen der Mutter alles Lebendigen gibt. Es ist, als ob er auf den Raub, den er an seinem Schöpfer begangen hat, wie Prometheus pochte und sich nun mit seiner Beute, mit seinem Weib, mit dem er nun in neuer Weise verbunden ist, dem Fluchverhängnis, das von nun an auf ihnen beiden lasten soll, zum Trotz vom Schöpfer lossagt. Die gefallene Eva ist die alte Menschenmutter, mit der alle Lust und alles Leid seinen Anfang nahm, sie ist die erste Wissende, auf die alle ihre Kinder, die Wissenden, die von Lust und Leid Gequälten zurückblicken, voll Dank und voll Vorwurf – sie ist dem Adam das Sinnbild für das neue, dem Schöpfer entrissene, in Leidenschaft dahingelebte Leben. Aber das nun erst ist das Ungeheuerliche, dass in Adams Worten doch fast etwas wie tiefer Dank mitklingt, den er dem Schöpfer für seinen Fluch darbringt. Seltsamer Widerspruch – Dank an den Schöpfer, dass der Mensch in der gottfernen Welt am Leben erhalten wird, Dank an den Schöpfer, dass der Mensch *sicut deus* sein darf, Dank an den Schöpfer – eben weil auch der *Sicut-deus*-Mensch in Trotz und Übermut von seinem Schöpfer nicht loskommt. Eva, die gefallene, kluge Menschenmutter – das ist der eine Anfang, Maria, die unschuldige, unwissende Gottesmutter – das ist der zweite Anfang.

Das neue Handeln Gottes (3,21)

„Und Jahwe Gott machte Adam und seinem Weibe Röcke von Fell und zog sie ihnen an.“

Der Schöpfer ist nun der Erhalter, die geschaffene Welt ist nun die gefallene *erhaltene Welt.* In der Welt zwischen Fluch und Verheißung, zwischen *tob* und *ra*, gut und böse, handelt Gott mit dem Menschen auf seine Weise. „Er machte ihnen Röcke“, sagt die Bibel. Das heißt, er nimmt die Menschen als die, die sie als gefallene sind. Er bejaht sie als gefallene. Er stellt sie nicht in ihrer Nacktheit voreinander bloß, sondern er selbst verhüllt sie. Gottes Handeln geht mit dem Menschen mit; aber das ist das Entscheidende, sein Handeln ist jetzt ordnendes, bändigendes Handeln. Es ist nicht Durchbrechung der neuen Erden- und Menschengesetze, es ist Eingehen in sie, aber es ist zugleich, indem es in sie eingeht, ihre Bändigung, Ordnung, d. h. es ist der Hinweis auf ihre Bosheit, auf ihr Abgefallensein. Indem Gott den Menschen Röcke macht, zeigt er ihnen, dass dies um ihrer Bosheit willen nötig ist, er bändigt damit ihre Sucht, aber er vernichtet sie nicht. Das ist das erhaltende Handeln Gottes mit der Welt, dass er die sündige Welt bejaht und sie durch Ordnung in ihre Grenzen weist, wobei aber keine dieser Ordnungen als solche mehr Ewigkeitscharakter trägt, weil sie alle allein um der Erhaltung des Lebens willen da sind. Die Erhaltung des Lebens aber, so sagten wir schon, richtet sich für Adam auf den Tod, sie richtet sich für uns allein auf – Christus. Alle Ordnungen unserer gefallenen Welt sind Erhaltungsordnungen Gottes auf Christus hin, nicht Schöpfungs-, sondern Erhaltungsordnungen, nicht in sich wertig, sondern ausgerichtet und sinnvoll allein durch Christus. Das ist das neue Handeln Gottes mit dem Menschen, dass er ihn in seiner gefallenen Welt, in seinen gefallenen Ordnungen auf den Tod – auf die Auferstehung, auf die neue Schöpfung, auf Christus hin erhält. Der Mensch bleibt zwischen *tob* und *ra*, im Zwiespalt, er bleibt auch mit seinem *Tob*-Guten jenseits des Guten Gottes. Er bleibt mit seinem ganzen, in *tob* und *ra* gespaltenen Dasein in der Gottferne, im Sturz, in der gefallenen-fallenden Welt. Er ist eben darum im Zwielicht. Und weil er im Zwielicht ist, darum ist all sein Denken über Schöpfung und Fall – auch das Denken des biblischen Autors – sofern es sachliches Denken bleibt und nicht fantastisch wird, an dieses Zwielicht gebunden. Darum redet der Mensch vom Paradies und vom Fall Adams so, wie die Bibel davon redet. Er kann ja zur Einheit aus der Zwiespältigkeit nicht mehr zurück, er vermag das Licht des Luzifer, des Lichtträgers, vom Licht Gottes nicht mehr so eindeutig zu unterscheiden. Er bleibt im Zwielicht, und Gott bejaht ihn in dieser seiner neuen *Sicut-deus*-Welt, indem er ihn dort erhält.

Der Lebensbaum (3,22)

„*Und Jahwe Gott sprach: Siehe Adam ist geworden wie unser einer und weiß, was gut und böse ist. Nun aber, dass er nicht ausstrecke seine Hand und breche auch vom Baum des Lebens und esse und lebe ewiglich! Da wies ihn Jahwe aus dem Garten Eden, dass er den Acker baute, davon er genommen ist und trieb Adam aus und lagerte vor dem Garten Eden die Cherubim mit dem bloßen, hauenden Schwert, zu bewahren den Weg zu dem Baum des Lebens.*“

Auf diesen Vers läuft zuletzt die ganze Geschichte hin. Der Baum des Lebens, von dem bisher so merkwürdig wenig gesprochen war, wird an dieser Stelle in seiner Bedeutung erst eigentlich begreiflich. Ja, es wird offenbar, dass es im Ganzen der Geschichte um nichts anderes als um diesen Baum gegangen ist. Der Adam, der das Leben von Gott her hatte, der aus dieser Mitte lebte, in der der Lebensbaum stand, konnte nicht auf den Gedanken kommen, diesen Baum anzutasten. Allein von dem Baum der Erkenntnis her konnte der Baum des Lebens gefährdet werden. Inwiefern? Insofern als die Frucht des Baumes der Erkenntnis, das Wissen um Gut und Böse, der Tod des Menschen war, als der *Sicut-deus*-Mensch der nicht lebende, sondern der tote Mensch ist, d.h. insofern als erst der dem Tod verfallene Adam nach dem Baum des Lebens greift, um in seinem *Sicut-deus*-Sein nun doch nicht sterben zu müssen. Es kann an dieser Stelle keinem Zweifel mehr unterliegen, dass die Schlange recht gehabt hat mit ihrer Verheißung. Der Schöpfer bestätigt deren Wahrheit: Der Mensch ist geworden wie unsereiner. Er ist *sicut deus*. Er hat seinen Willen, er ist selbst Schöpfer, Quell des Lebens, Ursprung des Wissens um Gut und Böse. Er ist für sich allein, er lebt aus sich, er bedarf keines anderen mehr, er ist der Herr seiner Welt, aber nun freilich der einsame Herr und Despot seiner eigenen stummen, vergewaltigten, zum Schweigen gebrachten, toten Ichwelt.

Aber er, der als *Sicut-deus*-Mensch doch nicht ohne die Feindschaft mit der Schlange, d. h. ohne Gott, nicht ohne den anderen Menschen, nicht ohne die andere Kreatur leben kann, er, der sich in Gewissen und Reue immer die Gegenwart, die Wirklichkeit eines anderen in seinem Leben vorzutäuschen sucht, er, der sich anklagt, sich zerquält und sich verherrlicht, nur um sich über die grauenvolle Einsamkeit eines echolosen Alleinseins hinwegzulügen, er weiß um das, was er mit seinem *Sicut-deus*-Sein verloren hat. Er weiß um sein verlorenes Leben. Er weiß um sein *Sterbenmüssen*. Aber nicht umsonst ist er *sicut deus*, er verschafft sich auch aus diesem Wissen um seinen Tod noch die grausige Lust des Sterbendürfens, des Verfügens über sein Leben. Er anerkennt, dass sein Tod eben darin besteht, dass er ohne das Leben aus Gott vor Gott leben muss, dass er gerade als der *sicut deus* zum Leben ohne Leben verurteilt ist. Aber er pervertiert als der dem Tod Verfallene immer wieder diese Erkenntnis zur Lust des Sterbendürfens. Man kann diese letzte Wirklichkeit des Todes des Adam nicht anders zum Ausdruck bringen als in dieser paradoxen Aussage. Lebenwollen, Nichtlebenkönnen und Lebenmüssen – das heißt Totsein des *Sicut-deus*-Menschen. Und dieses Leben des Adam ist nun ein dauerndes, erneutes Sichempören gegen dieses Dasein, ist ein Hadern mit dem Leben, ein Greifen nach dem Leben, das *diesem* Leben ein Ende machen würde, das das neue Leben sein würde. *Leben* will Adam unter allen Umständen, er darf ja leben in der erhaltenen Welt, aber er ist klug, er weiß, dass dies Leben gerade Leben zum Tod, also Sterben ist. Und nun ist seine Sucht zu leben maßlos, es fasst ihn im Tode des *Sicut-deus*-Seins ein namenloser Durst nach dem Leben. Und dieser Durst nimmt seltsame Gestalt an. Denn es ist ja dies gerade das Verzweifelte an der Lage des Adam, dass er aus sich lebt, in sich selbst gefangen ist, und also nur sich selbst wollen kann, nach sich selbst begehren kann, denn er ist ja sein eigener Gott, sein eigener Lebensschöpfer geworden; sucht er Gott, sucht er das Leben, so sucht er eben sich – und andererseits ist es eben dieses sein Alleinsein, sein Insichruhen, sein Ansichsein, das ihn in den unermesslichen Durst stürzt. Es ist also wesensgemäß ein verzweifelter, ein unlöschbarer, ein ewiger Durst, den Adam nach dem Leben empfindet. Es ist wesensgemäß ein Durst nach dem Tod, ein immer tieferes Sichverstricken in den Tod, je leidenschaftlicher Adam nach dem Leben fragt. Darum ist Adams Durst nach Leben pervers. Der ohne Leben verschmachtende Adam will seinen eigenen Tod, vielleicht dass der Tod ihm das Leben schenke, der Adam damals und heute will nicht das ewige Leben, sofern er sich als Adam versteht, sondern er will den Tod, er will sterben – wer von uns will ewig leben? –, aber eben in diesem Sterben hofft Adam sein

Leben aus der Fron des ohne Leben Lebenmüssens retten zu können, es ist also Flucht vor dem Leben und nach dem Leben Greifen zugleich, weil es Flucht vor Gott und Sucht nach Gott in einem ist, es ist *Sicut-deus*-sein-Wollen – und nach dem Baum des Lebens greifen zugleich. Aber dieser Griff wird ihm nun endgültig verwehrt. Adam ist *sicut deus*, aber er ist als solcher im Tod. Adam hat vom Baum der Erkenntnis gegessen, aber der Durst, den ihm diese Frucht nach dem Baum des Lebens gemacht hat, bleibt ungestillt. Hier genau soll von nun an die Grenze sein, die das Paradies von dem Acker Adams trennt, wo der Baum des Lebens steht. „Er trieb Adam hinaus und lagerte vor den Garten Eden die Cherubim mit dem bloßen, hauenden Schwert, zu bewahren den Weg zum Baum des Lebens." Die Grenze hat sich nicht verschoben, sie ist dort, wo sie immer war, in der unbetretbaren Mitte des Baumes des Lebens, aber Adam steht nun an einem anderen Ort, diese Grenze ist nicht mehr in der Mitte seines Lebens, sondern sie bedrängt ihn von außen, er muss dauernd gegen sie anrennen, sie steht ihm immer im Weg. Die deutschen Märchen vom Dornröschen und von der Waberlohe[41] unterscheiden sich von dem hier Berichteten dadurch, dass durch das hauende, bloße Schwert der Cherubim kein Mensch lebendig hindurchdringt. Der Baum des Lebens ist bewacht durch Wächter des Todes, er bleibt in unberührter, göttlicher Unnahbarkeit. Aber das Leben Adams vor den Toren ist ein dauernder Angriff auf das verschlossene Reich. Ein Fliehen, ein Suchen, auf dem verfluchten Acker zu finden, was er verloren hat, und dann immer wieder ein verzweifeltes Rasen gegen die Wächter mit dem hauenden Schwert. Dass dieses Schwert des Wächters haut, dass es

41 Die Waberlohe ist in der germanischen Sage von Brünhild ein undurchdringlicher Feuerwall, der die Burg umgibt, in der die in einen Zauberschlaf versetzte Walküre liegt, bis Sigurd (Siegfried) durch sie hindurchdringt und Brünhild aufweckt.

scharf ist, das sagt der biblische Autor nicht ohne Grund, das weiß Adam, das spürt er immer wieder selbst, aber das Tor bleibt geschlossen.

Genesis 4

Kain (4,1)

„Und Adam erkannte sein Weib Eva, und sie ward schwanger und gebar den Kain.“

Dieser Vers gehört zum Vorangegangenen notwendig hinzu. Adam und Eva, die dem Tod verfallenen *Sicut-deus*-Menschen, bewähren ihre neue Gemeinschaft auf neue Weise. Sie werden die stolzen Schöpfer neuen Lebens, aber dies neue Leben ist in der süchtigen Gemeinschaft der Menschen und des Todes geschaffen; Kain ist der erste Mensch, der auf dem *verfluchten* Acker geboren ist. Mit Kain erst hebt die Geschichte an, die Geschichte des Todes. Der auf den Tod hin erhaltene und am Durst nach dem *Leben* sich verzehrende Adam zeugt Kain, den *Mörder.* Das ist das Neue in Kain, dem Sohn Adams, dass er selbst als *sicut deus* sich am Leben des Menschen vergreift. Der Mensch, der nicht vom Baum des Lebens essen darf, greift umso gieriger nach der Frucht des Todes, der Vernichtung des Lebens. Nur der Schöpfer kann Leben vernichten, Kain maßt sich dies letzte Schöpferrecht an und wird zum Mörder. Warum mordet Kain? Aus Hass gegen Gott. Dieser Hass ist groß. Kain ist groß; er ist größer als Adam, denn sein Hass ist größer und das heißt doch, seine Sucht nach dem Leben ist größer. Die Geschichte des Todes steht unter dem Zeichen Kains.

Christus am Kreuz, der gemordete Sohn Gottes, das ist das Ende der Geschichte Kains und damit das Ende der Geschichte überhaupt. Das ist der letzte verzweifelte Ansturm auf das Tor des Paradieses. Und unter dem hauenden Schwert, unter dem Kreuz stirbt das Menschengeschlecht.

Aber Christus lebt. Der Stamm des Kreuzes wird zum Holze des Lebens, und mitten in der Welt ist nun aufs Neue auf dem verfluchten Acker das Leben aufgerichtet; in der Mitte der Welt, am Holz des Kreuzes quillt der Quell des Lebens auf, und zu diesem Wasser sind die nach Leben Durstenden alle berufen, und wer vom Holz dieses Lebens gegessen hat, den wird nimmermehr hungern und dürsten. Seltsames Paradies, dieser Hügel von Golgatha, dieses Kreuz, dieses Blut, dieser gebrochene Leib, seltsamer Lebensbaum, dieser Stamm, an dem Gott selbst leiden und sterben musste, – aber eben von Gott in Gnade wiedergeschenktes Reich des Lebens, der Auferstehung, aufgetane Tür der unvergänglichen Hoffnung, des Wartens und der Geduld. Baum des Lebens, Kreuz Christi, Mitte der gefallenen und erhaltenen Welt Gottes, das ist das Ende der Paradiesgeschichte für uns.

Heut schließt er wieder auf die Tür
Zum schönen Paradeis.
Der Engel steht nicht mehr dafür.
Gott sei Lob, Ehr und Preis.[42]

42 Nikolaus Herman, „Lobt Gott, ihr Christen alle gleich" (1560), Strophe 6 (Ev. Gesangbuch Nr. 27), statt „Engel" steht im Original „Cherub" (Anm. d. Hg.).